स्मृति की रेखाएँ

स्मृति की रेखाएँ

महादेवी वर्मा

लोकभारती प्रकाशन

पहला सजिल्द संस्करण 1943 में प्रकाशित

लोकभारती प्रकाशन
पहली मंजिल, दरबारी बिल्डिंग, महात्मा गांधी मार्ग
प्रयागराज-211 001
वेबसाइट : www.lokbhartiprakashan.com
ईमेल : info@lokbhartiprakashan.com
शाखाएँ : 1-बी, नेताजी सुभाष मार्ग, दरियागंज
नई दिल्ली-110 002
अशोक राजपथ, साइंस कॉलेज के सामने
पटना-800 006

पहला संस्करण : 2008
छठा संस्करण : 2023

मूल्य : ₹395

मुद्रक : **बी.के. ऑफसेट**
नवीन शाहदरा, दिल्ली-110 032

SMRITI KI REKHAYEN
by Mahadevi Verma

ISBN : 978-81-8031-0117-8

अनुक्रम

स्मृति की रेखाएँ

एक

छोटे कद और दुबले शरीरवाली भक्तिन अपने पतले ओठों के कोनों में दृढ़ संकल्प और छोटी आँखों में एक विचित्र समझदारी लेकर जिस दिन पहले-पहले मेरे पास आ उपस्थित हुई थी तब से आज तक एक युग का समय बीत चुका है। पर जब कोई जिज्ञासु उससे इस सम्बन्ध में प्रश्न कर बैठता है, तब वह पलकों को आधी पुतलियों तक गिराकर और चिन्तन की मुद्रा में ठुड्डी को कुछ ऊपर उठाकर विश्वास भरे कण्ठ से उत्तर देती है—'तुम पचै का का बताई—यहै पचास बरिस से संग रहित है।' इस हिसाब से मैं पचहत्तर की ठहरती हूँ और वह सौ वर्ष की आयु भी पार कर जाती है, इसका भक्तिन को पता नहीं। पता हो भी, तो सम्भवतः वह मेरे साथ बीते हुए समय में रत्ती भर भी कम न करना चाहेगी। मुझे तो विश्वास होता जा रहा है कि कुछ वर्ष और बीत जाने पर वह मेरे साथ रहने के समय को खींचकर सौ वर्ष तक पहुँचा देगी, चाहे उसके हिसाब से मुझे डेढ़ सौ वर्ष की असम्भव आयु का भार क्यों न ढोना पड़े?

सेवक-धर्म में हनुमानजी से स्पर्द्धा करने वाली भक्तिन किसी अञ्जना की पुत्री न होकर एक अनामधन्या गोपालिका की कन्या है—नाम है लछमिन अर्थात् लक्ष्मी। पर जैसे मेरे नाम की विशालता मेरे लिए दुर्वह है, वैसे ही लक्ष्मी की समृद्धि भक्तिन के कपाल की कुञ्चित रेखाओं में नहीं बँध सकी। वैसे तो जीवन में प्रायः सभी को अपने-अपने नाम का विरोधाभास लेकर जीना पड़ता है; पर भक्तिन बहुत समझदार है, क्योंकि वह अपना समृद्धि-सूचक नाम किसी को बताती नहीं। केवल जब नौकरी की खोज में आई थी, तब ईमानदारी का परिचय देने के लिए उसने शेष इतिवृत्त के साथ यह भी बता दिया; पर इस प्रार्थना के साथ कि मैं कभी नाम का उपयोग न करूँ।

उपनाम रखने की प्रतिभा होती, तो मैं सबसे पहले उसका प्रयोग अपने ऊपर करती, इस तथ्य को वह देहातिन क्या जाने, इसी से जब मैंने कण्ठी-माला देखकर उसका नया नामकरण किया, तब वह भक्तिन जैसे कवित्वहीन नाम को पाकर भी गद्‌गद हो उठी।

भक्तिन के जीवन का इतिवृत्त बिना जाने हुए उसके स्वभाव को पूर्णतः क्या अंशतः समझना भी कठिन होगा। वह ऐतिहासिक झूँसी में गाँव-प्रसिद्ध एक अहीर सूरमा की एकलौती बेटी ही नहीं, विमाता कि किम्वदन्ती बन जाने वाली ममता की छाया में भी पली है। पाँच वर्ष की वय में उसे हँडिया ग्राम के एक सम्पन्न गोपालक की सबसे छोटी पुत्रवधू बनाकर पिता ने शास्त्र से दो पग आगे रहने की ख्याति कमाई और नौ वर्षीया युवती का गौना देकर विमाता ने, बिना माँगे पराया धन लौटाने वाले महाजन का पुण्य लूटा।

पिता का उस पर अगाध प्रेम होने के कारण स्वभावतः ईर्ष्यालु और सम्पत्ति की रक्षा में सतर्क विमाता ने उनके मरणान्तक रोग का समाचार तब भेजा, जब वह मृत्यु की सूचना भी बन चुका था। रोने-पीटने के अपशकुन से बचने के लिए सास ने भी उसे कुछ न बताया। बहुत दिन से नैहर नहीं गई, सो जाकर देख आवे, यही कहकर और पहना-उढ़ाकर सास ने उसे विदा कर दिया। इस अप्रत्याशित अनुग्रह ने उसके पैरों में जो पंख लगा दिये थे, वे गाँव की सीमा में पहुँचते ही झड़ गये। 'हाय लछमिन अब आई' की अस्पष्ट पुनरावृत्तियाँ और स्पष्ट सहानुभूतिपूर्ण दृष्टियाँ उसे घर तक ठेल ले गईं। पर वहाँ न पिता का चिह्न शेष था, न विमाता के व्यवहार में शिष्टाचार का लेश था। दुःख से शिथिल और अपमान से जलती हुई वह उस घर में पानी भी बिना पिये उलटे पैरों ससुराल लौट पड़ी। सास को खरी-खोटी सुनाकर उसने विमाता पर आया हुआ क्रोध शान्त किया और पति के ऊपर गहने फेंक-फेंककर उसने पिता के चिर विछोह की मर्मव्यथा व्यक्त की।

जीवन के दूसरे परिच्छेद में भी सुख की अपेक्षा दुःख ही अधिक है। जब उसने गेहुएँ रंग और बटिया जैसे मुख वाली पहली कन्या के दो संस्करण और कर डाले तब सास और जिठानियों ने ओठ बिचकाकर उपेक्षा प्रकट की। उचित भी था, क्योंकि सास तीन-तीन कमाऊ वीरों की विधात्री बनकर मचिया के ऊपर विराजमान पुरखिन के पद पर अभिषिक्त हो चुकी थी और दोनों जिठानियाँ काक-भुशुण्डी-जैसे काले लालों की क्रमबद्ध सृष्टि करके इस पद के लिए उम्मीदवार थीं। छोटी बहू के लीक छोड़कर चलने के कारण उसे दण्ड मिलना आवश्यक हो गया।

जिठानियाँ बैठकर लोकचर्चा करतीं और उनके कलूटे लड़के धूल उड़ाते; वह

मट्ठा फेरती, कूटती, पीसती, राँधती और उसकी नन्हीं लड़कियाँ गोबर उठातीं, कंडे पाथतीं। जिठानियाँ अपने भात पर सफेद राब रखकर गाढ़ा दूध डालतीं और अपने लड़कों को औटते हुए दूध पर से मलाई उतार कर खिलातीं। वह काले गुड़ की डली के साथ कठौती में मट्ठा पाती और उसकी लड़कियाँ चने-बाजरे की घुघरी चबातीं।

इस दण्ड-विधान के भीतर कोई ऐसी धारा नहीं थी, जिसके अनुसार खोटे सिक्कों की टकसाल-जैसी पत्नी से पति को विरक्त किया जा सकता। सारी चुगली-चबाई की परिणति, उसके पत्नी-प्रेम को बढ़ाकर ही होती थी। जिठानियाँ बात-बात पर धमाधम पीटी-कूटी जातीं; पर उसके पति ने उसे कभी उँगली भी नहीं छुआई। वह बड़े बाप की बड़ी बात वाली बेटी को पहचानता था। इसके अतिरिक्त परिश्रमी, तेजस्विनी और पति के प्रति रोम-रोम से सच्ची पत्नी को वह चाहता भी बहुत रहा होगा, क्योंकि उसके प्रेम के बल पर ही पत्नी ने अलगौझा करके सबको अँगूठा दिखा दिया। काम वही करती थी, इसलिए गाय-भैंस, खेत-खलिहान, अमराई के पेड़ आदि के सम्बन्ध में उसी का ज्ञान बहुत बढ़ा-चढ़ा था। उसने छाँट-छाँटकर, ऊपर से असन्तोष की मुद्रा के साथ और भीतर से पुलकित होते हुए जो कुछ लिया, वह सबसे अच्छा भी रहा, साथ ही परिश्रमी दम्पति के निरन्तर प्रयास से उसका सोना बन जाना भी स्वाभाविक हो गया।

धूम-धाम से बड़ी लड़की का विवाह करने के उपरान्त, पति ने घरौंदे से खेलती हुई दो कन्याओं और कच्ची गृहस्थी का भार उन्तीस वर्ष की पत्नी पर छोड़कर संसार से विदा ली। जब वह मरा, तब उसकी अवस्था छत्तीस वर्ष से कुछ ही अधिक रही होगी; पर पत्नी आज उसे बुढ़ऊ कहकर स्मरण करती है। भक्तिन सोचती है कि जब बूढ़ी हो गई, तब क्या परमात्मा के यहाँ वे भी न बुढ़ा गये होंगे, अतः उन्हें बुढ़ऊ न कहना उनका घोर अपमान है।

हाँ, तो भक्तिन के हरे-भरे खेत, मोटी-ताजी गाय-भैंस और फलों से लदे पेड़ देखकर जेठ-जिठौती के मुँह में पानी भर आना ही स्वाभाविक था। इन सब की प्राप्ति तो तभी सम्भव थी, जब भइयहू दूसरा घर कर लेती; पर जन्म से खोटी भक्तिन इनके चकमे में आई ही नहीं। उसने क्रोध से पाँव पटक-पटककर आँगन को कम्पायमान करते हुए कहा—'हम कुकुरी-बिलारी न होयँ, हमार मन पुसाई तौ हम दूसरा के जाब नाहिं त तुम्हार पचै के छाती पै होरहा भूँजब और राज करब, समुझे रहौ।'

उसने ससुर, अजिया ससुर और जाने कै पीढ़ियों के ससुरगणों की उपार्जित जगह-जमीन में से सुई की नोंक के बराबर भी देने की उदारता नहीं दिखाई। इसके अतिरिक्त गुरु से कान फुँकवा, कण्ठी बाँध और पति के नाम पर घी से चिकने केशों

को समर्पित कर अपने कभी न टलने की घोषणा कर दी। भविष्य में भी सम्पत्ति सुरक्षित रखने के लिए उसने छोटी लड़कियों के हाथ पीले कर उन्हें ससुराल पहुँचाया और पति के चुने हुए बड़े दामाद को घरजमाई बनाकर रखा। इस प्रकार उसके जीवन का तीसरा परिच्छेद आरम्भ हुआ।

भक्तिन का दुर्भाग्य भी उससे कम हठी नहीं था, इसी से किशोरी से युवती होते ही बड़ी लड़की भी विधवा हो गई। भइयहू से पार न पा सकने वाले जेठों और काकी को परास्त करने के लिए कटिबद्ध जिठौतों ने आशा की एक किरण देख पाई। विधवा बहिन के गठबन्धन के लिए बड़ा जिठौत अपने तीतर लड़ाने वाले साले को बुला लाया, क्योंकि उसका हो जाने पर सब कुछ उन्हीं के अधिकार में रहता। भक्तिन की लड़की भी माँ से कम समझदार नहीं थी, इसी से उसने वर को नापसन्द कर दिया। बाहर के बहनोई का आना चचेरे भाइयों के लिए सुविधाजनक नहीं था, अतः यह प्रस्ताव जहाँ-का-तहाँ रह गया। तब वे दोनों माँ-बेटी खूब मन लगाकर अपनी सम्पत्ति की देख-भाल करने लगीं और 'मान-न-मान मैं तेरा मेहमान' की कहावत चरितार्थ करने वाले वर के समर्थक उसे किसी-न-किसी प्रकार पति की पदवी पर अभिषिक्त करने का उपाय सोचने लगे।

एक दिन माँ की अनुपस्थिति में वर महाशय ने बेटी की कोठरी में घुस कर भीतर से द्वार बंद कर लिया और उसके समर्थक गाँव वालों को बुलाने लगे। अहीर युवती ने जब इस डकैत वर की मरम्मत कर कुण्डी खोली, तब पंच बेचारे समस्या में पड़ गये। तीतरबाज युवक कहता था, वह निमन्त्रण पाकर भीतर गया और युवती उसके मुख पर अपनी पाँचों उँगलियों के उभार में इस निमन्त्रण के अक्षर पढ़ने का अनुरोध करती थी। अन्त में दूध-का-दूध पानी-का-पानी करने के लिए पंचायत बैठी और सबने सिर हिला-हिला कर इस समस्या का मूल कारण कलियुग को स्वीकार किया। अपीलहीन फैसला हुआ कि चाहे उन दोनों में एक सच्चा हो चाहे दोनों झूठे; पर जब वे एक कोठरी से निकले, तब उनका पति-पत्नी के रूप में रहना ही कलियुग के दोष का परिमार्जन कर सकता है। अपमानित बालिका ने ओठ काटकर लहू निकाल लिया और माँ ने आग्नेय नेत्रों से गले पड़े दामाद को देखा। सम्बन्ध कुछ सुखकर नहीं हुआ, क्योंकि दामाद अब निश्चिन्त होकर तीतर लड़ाता था और बेटी विवश क्रोध में जलती रहती थी। इतने यत्न से सँभाले हुए गाय-ढोर, खेती-बारी सब पारिवारिक द्वेष में ऐसे झुलस गये कि लगान अदा करना भी भारी हो गया, सुख से रहने की कौन कहे। अन्त में एक बार लगान न पहुँचने पर जमींदार ने भक्तिन को बुलाकर दिन भर कड़ी धूप में खड़ा रखा। यह अपमान तो उसकी कर्मठता में सबसे

बड़ा कलंक बन गया, अतः दूसरे ही दिन भक्तिन कमाई के विचार से शहर आ पहुँची।

घुटी हुई चाँद को मोटी मैली धोती से ढाँके और मानो सब प्रकार की आहट सुनने के लिए एक कान कपड़े से बाहर निकाले हुए भक्तिन जब मेरे यहाँ सेवक-धर्म में दीक्षित हुई, तब उसके जीवन के चौथे और सम्भवतः अन्तिम परिच्छेद का जो अर्थ हुआ, उसकी इति अभी दूर है।

भक्तिन की वेशभूषा में गृहस्थ और वैरागी का सम्मिश्रण देखकर मैंने शंका से प्रश्न किया—'क्या तुम खाना बनाना जानती हो?' उत्तर में उसने ऊपर के ओठ को सिकोड़ और नीचे के अधर को कुछ बढ़ाकर आश्वासन की मुद्रा के साथ कहा—'ई कउन बड़ी बात आय! रोटी बनाय जानित है, दाल राँध लेइत है, साग-भाजी छँउक सकित है, अउर बाकी का रहा।'

दूसरे दिन तड़के ही सिर पर कई लोटे औंधा कर उसने मेरी धुली धोती जल के छींटे से पवित्र कर पहनी और पूर्व के अन्धकार और मेरी दीवार से फूटते हुए सूर्य और पीपल का, दो लोटे जल से अभिनन्दन किया। दो मिनट तक नाक दबाकर जप करने के उपरान्त जब वह कोयले की मोटी रेखा से अपने साम्राज्य की सीमा निश्चित कर चौके में प्रतिष्ठित हुई, तब मैंने समझ लिया कि इस सेवक का साथ टेढ़ी खीर है। अपने भोजन के सम्बन्ध में नितान्त वीतराग होने पर भी मैं पाक-विद्या के लिए परिवार में प्रख्यात हूँ और कोई भी पाक-कुशल दूसरे के काम में नुक्ताचीनी बिना किये रह नहीं सकता। पर जब छूत-पाक पर प्राण देने वाले व्यक्तियों का, बात-बात पर भूखा मरना स्मरण हो आया और भक्तिन की शंकाकुल दृष्टि में छिपे हुए निषेध का अनुभव किया, तब कोयले की रेखा मेरे लिए लक्ष्मण के धनुष से खींची हुई रेखा के समान दुर्लंघ्य हो उठी। निरुपाय अपने कमरे में बिछौने पर पड़कर और नाक के ऊपर खुली हुई पुस्तक स्थापित कर मैं चौके में पीढ़े पर आसीन अनधिकारी को भूलने का प्रयास करने लगी।

भोजन के समय जब मैंने अपनी निश्चित सीमा के भीतर निर्दिष्ट स्थान ग्रहण कर लिया, तब भक्तिन ने प्रसन्नता से लबालब दृष्टि और आत्म संतुष्टि से आप्लावित मुस्कराहट के साथ मेरी फूल की थाली में एक अंगुल मोटी और गहरी काली चित्तीदार चार रोटियाँ रखकर उसे टेढ़ी कर गाढ़ी दाल परोस दी। पर जब उसके उत्साह पर तुषारपात करते हुए मैंने रुआँसे भाव से कहा—'यह क्या बनाया है' तब वह हतबुद्धि हो रही।

रोटियाँ अच्छी सेंकने के प्रयास में कुछ अधिक खरी हो गई हैं; पर अच्छी हैं। तरकारियाँ थीं, पर जब दाल बनी है तब उनका क्या काम—शाम को दाल न बनाकर तरकारी बना दी जायेगी। दूध-घी मुझे अच्छा नहीं लगता, नहीं तो सब ठीक हो जाता। अब न हो तो अमचूर और लाल मिर्च की चटनी पीस ली जावे। उससे भी काम न चले, तो वह गाँव से लाई हुई गठरी में से थोड़ा-सा गुड़ दे देगी और शहर के लोग क्या कलाबत्तू खाते हैं? फिर वह कुछ अनाड़िन या फूहड़ नहीं। उसके ससुर, पितिया ससुर, अजिया सास आदि ने उसकी पाक-कुशलता के लिए न जाने कितने मौखिक प्रमाणपत्र दे डाले हैं।

भक्तिन के इस सारगर्भित लेक्चर का प्रभाव यह हुआ कि मैं, मीठे से विरक्ति के कारण बिना गुड़ के और घी से अरुचि के कारण रूखी दाल से एक मोटी रोटी खाकर बहुत ठाठ से यूनिवर्सिटी पहुँची और न्याय-सूत्र पढ़ते-पढ़ते शहर और देहात के जीवन के इस अन्तर पर विचार करती रही।

अलग भोजन की व्यवस्था करनी पड़ी थी, अपने गिरते हुए स्वास्थ्य और परिवार वालों की चिन्ता-निवारण के लिए, पर प्रबन्ध ऐसा हो गया कि उपचार का प्रश्न ही खो गया। इस देहाती वृद्धा ने जीवन की सरलता के प्रति मुझे इतना जाग्रत कर दिया था कि मैं अपनी असुविधाएँ छिपाने लगी, सुविधाओं की चिन्ता करना तो दूर की बात।

इसके अतिरिक्त भक्तिन का स्वभाव ही ऐसा बन चुका है कि वह दूसरों को अपने मन के अनुसार बना लेना चाहती है; पर अपने सम्बन्ध में किसी प्रकार के परिवर्तन की कल्पना तक उसके लिए सम्भव नहीं। इसी से आज मैं अधिक देहाती हूँ; पर उसे शहर की हवा नहीं लग पाई। मकई का, रात को बना दलिया, सबेरे मट्ठे से सोंधा लगता है। बाजरे के, तिल लगाकर बनाये हुए पुए गर्म कम अच्छे लगते हैं ज्वार के भुने हुए भुट्टे के हरे दानों की खिचड़ी स्वादिष्ट होती है। सफेद महुए की लपसी संसार भर के हलवे को लजा सकती है; आदि वह मुझे क्रियात्मक रूप से सिखाती रहती है; पर यहाँ का रसगुल्ला तक भक्तिन के पोपले मुँह में प्रवेश करने का सौभाग्य नहीं प्राप्त कर सका। मेरे रात-दिन नाराज होने पर भी उसने साफ धोती पहनना नहीं सीखा; पर मेरे स्वयं धोकर फैलाये हुए कपड़ों को भी वह तह करने के बहाने सिलवटों से भर देती है। मुझे उसने अपनी भाषा की अनेक दन्तकथाएँ कण्ठस्थ करा दी हैं; पर पुकारने पर वह 'ओय' के स्थान में 'जी' कहने का शिष्टाचार भी नहीं सीख सकी।

भक्तिन अच्छी है, यह कहना कठिन होगा, क्योंकि उसमें दुर्गुणों का अभाव

नहीं। वह सत्यवादी हरिश्चन्द्र नहीं बन सकती; पर 'नरो व कुञ्जरो वा' कहने में भी विश्वास नहीं करती। मेरे इधर-उधर पड़े पैसे-रुपये, भण्डार-घर की किसी मटकी में कैसे अन्तर्हित हो जाते हैं, यह रहस्य भी भक्तिन जानती है। पर, उस सम्बन्ध में किसी के संकेत करते ही वह उसे शास्त्रार्थ के लिए ऐसे चुनौती दे डालती है, जिसको स्वीकार कर लेना किसी तर्क-शिरोमणि के लिए भी सम्भव नहीं। यह उसका अपना घर ठहरा—पैसा रुपया जो इधर-उधर पड़ा देखा, सँभालकर रख लिया। यह क्या चोरी है? उसके जीवन का परम कर्त्तव्य मुझे प्रसन्न रखना है—जिस बात से मुझे क्रोध आ सकता है, उसे बदलकर, इधर-उधर करके बताना, क्या झूठ है! इतनी चोरी और इतना झूठ तो धर्मराज महाराज में भी होगा, नहीं तो वे भगवान्‌जी को कैसे प्रसन्न रख सकते और संसार को कैसे चला सकते!

शास्त्र का प्रश्न भी भक्तिन अपनी सुविधा के अनुसार सुलझा लेती है। मुझे स्त्रियों का सिर घुटाना अच्छा नहीं लगता, अतः मैंने भक्तिन को रोका। उसने अकुण्ठित भाव से उत्तर दिया कि शास्त्र में लिखा है। कुतूहलवश मैं पूछ ही बैठी—'क्या लिखा है?' तुरन्त उत्तर मिला—'तीरथ गये मुँडाये सिद्ध' कौन से शास्त्र का यह रहस्यमय सूत्र है, यह जान लेना मेरे लिए सम्भव ही नहीं था। अतः मैं हारकर मौन हो रही और भक्तिन का चूड़ाकर्म हर बृहस्पतिवार को, एक दरिद्र नापित के गंगाजल से धुले अस्तुरे द्वारा यथाविधि निष्पन्न होता रहा।

पर वह मूर्ख है या विद्या-बुद्धि का महत्त्व नहीं जानती, यह कहना असत्य कहना है। अपने विद्या के अभाव को वह मेरी पढ़ाई-लिखाई पर अभिमान करके भर लेती है। एक बार जब मैंने सब काम करने वालों से अँगूठे के निशान के स्थान में हस्ताक्षर लेने का नियम बनाया तब भक्तिन बड़े कष्ट में पड़ गई, क्योंकि एक तो उससे पढ़ने की मुसीबत नहीं उठाई जा सकती थी, दूसरे सब गाड़ीवान दाइयों के साथ बैठकर पढ़ना उसकी वयोवृद्धता का अपमान था। अतः उसने कहना आरम्भ किया—'हमार मलकिन तौ रात-दिन कितबियन माँ गड़ी रहती हैं। अब हमहूँ पढ़ै लागब तो घर-गिरिस्ती कउन देखी-सुनी।'

पढ़ाने वाले और पढ़ने वाले दोनों पर इस तर्क का ऐसा प्रभाव पड़ा कि भक्तिन इन्सपेक्टर के समान क्लास में घूम-घूमकर किसी के अ, इ की बनावट, किसी के हाथ की मंथरता, किसी की बुद्धि की मन्दता पर टीका-टिप्पणी करने का अधिकार पा गई। उसे तो अँगूठा निशानी देकर वेतन लेना नहीं होता, इसी से बिना पढ़े ही वह पढ़ने वालों की गुरु बन बैठी। वह अपने तर्क ही नहीं, तर्कहीनता के लिए भी प्रमाण खोज लेने में पटु है। अपने-आपको महत्त्व देने के लिए ही वह अपनी

मालकिन को असाधारणता देना चाहती है; पर इसके लिए भी प्रमाण की खोज-ढूँढ़ आवश्यक हो उठती है।

जब एक बार मैं उत्तर-पुस्तकों और चित्रों को लेकर व्यस्त थी, तब भक्तिन सबसे कहती घूमी—'ऊ बिचरिअउ तौ रात दिन काम माँ झुकी रहती हैं, अउर तुम पचे घुमती फिरती हौ! चलौ तनिक तिनुक हाथ बटाय लेउ।' सब जानते थे कि ऐसे कामों में हाथ नहीं बटाया जा सकता, अतः उन्होंने अपनी असमर्थता प्रकट कर भक्तिन से पिण्ड छुड़ाया। बस इसी प्रमाण के आधार पर उसकी सब अतिशयोक्तियाँ अमरबेलि सी फैलने लगीं—उसकी मालकिन जैसा काम कोई जानता ही नहीं, इसी से तो बुलाने पर भी कोई हाथ बँटाने की हिम्मत नहीं करता।

पर वह स्वयं कोई सहायता नहीं दे सकती, इसे मानना अपनी हीनता स्वीकार करना है—इसी से वह द्वार पर बैठकर बार-बार कुछ काम बताने का आग्रह करती है। कभी उत्तर-पुस्तकों को बाँधकर, कभी अधूरे चित्र को कोने में रखकर, कभी रंग की प्याली धोकर और कभी चटाई को आँचल से झाड़कर वह जैसी सहायता पहुँचाती है, उससे भक्तिन का अन्य व्यक्तियों से अधिक बुद्धिमान होना प्रमाणित हो जाता है। वह जानती है कि जब दूसरे मेरा हाथ बँटाने की कल्पना तक नहीं कर सकते, तब वह सहायता की इच्छा को क्रियात्मक रूप देती है, इसी से मेरा किसी पुस्तक के प्रकाशित होने पर उसके मुख पर प्रसन्नता की आभा वैसे ही उद्भासित हो उठती है, जैसे स्विच दबाने से बल्ब में छिपा आलोक। वह सूने में उसे बार-बार छूकर, आँखों के निकट ले जाकर और सब ओर घुमा-फिराकर मानो अपनी सहायता का अंश खोजती है और उसकी दृष्टि में व्यक्त आत्मतोष कहता है कि उसे निराश नहीं होना पड़ता। यह स्वाभाविक भी है। किसी चित्र को पूरा करने में व्यस्त, मैं जब बार-बार कहने पर भी भोजन के लिए नहीं उठती, तब वह कभी दही का शर्बत, कभी तुलसी की चाय वहीं देकर भूख का कष्ट नहीं सहने देती।

दिनभर के कार्य-भार से छुट्टी पाकर जब मैं कोई लेख समाप्त करने या भाव को छन्दबद्ध करने बैठती हूँ, तब छात्रावास की रोशनी बुझ चुकती है, मेरी हिरनी सोना तख्त के पैताने पर फर्श पर बैठकर पागुर करना बंद कर देती है, कुत्ता वसन्त छोटी मचिया पर पञ्जों में मुख रखकर आँखें मूँद लेता है और बिल्ली गोधूली मेरे तकिये पर सिकुड़कर सो रहती है।

पर मुझे रात की निस्तब्धता में अकेली न छोड़ने के विचार से कोने में दरी के आसन पर बैठकर बिजली की चकाचौंध से आँखें मिचमिचाती हुई भक्तिन, प्रशान्त भाव से जागरण करती है। वह ऊँघती भी नहीं, क्योंकि मेरे सिर उठाते ही उसकी

धुँधली दृष्टि मेरी आँखों का अनुसरण करने लगती है। यदि मैं सिरहाने रखे रैक की ओर देखती हूँ, तो वह उठकर आवश्यक पुस्तक का रंग पूछती है, यदि मैं कलम रख देती हूँ, तो वह स्याही उठा लाती है और यदि मैं कागज एक ओर सरका देती हूँ, तो वह दूसरी फाइल टटोलती है।

बहुत रात गये सोने पर भी मैं जल्दी ही उठती हूँ और भक्तिन को तो मुझसे भी पहले जागना पड़ता है—सोना उछल-कूद के लिए बाहर जाने को आकुल रहती है, वसन्त नित्य कर्म के लिए दरवाजा खुलवाना चाहता है, और गोधूली चिड़ियों की चहचहाहट में शिकार का आमन्त्रण सुन लेती है।

मेरे भ्रमण की भी एकान्त साथिन भक्तिन ही रही है। बदरी-केदार आदि के ऊँचे-नीचे और तंग पहाड़ी रास्ते में जैसे वह हठ करके मेरे आगे चलती रही है, वैसे ही गाँव की धूलभरी पगडंडी पर मेरे पीछे रहना नहीं भूलती। किसी भी परिस्थिति में, किसी भी समय, कहीं भी जाने के लिए प्रस्तुत होते ही मैं भक्तिन को छाया के समान साथ पाती हूँ।

युद्ध को देश की सीमा में बढ़ते देख जब लोग आतंकित हो उठे, तब भक्तिन के बेटी-दामाद उसके नाती को लेकर बुलाने आ पहुँचे; पर बहुत समझाने-बुझाने पर भी वह उनके साथ नहीं जा सकी। सबको वह देख आती है; रुपया भेज देती है; पर उनके साथ रहने के लिए मेरा साथ छोड़ना आवश्यक है; जो सम्भवतः भक्तिन को जीवन के अन्त तक स्वीकार न होगा।

जब गतवर्ष युद्ध के भूत ने वीरता के स्थान में पलायन-वृत्ति जगा दी थी, तब भक्तिन पहली ही बार सेवक की विनीत मुद्रा के साथ मुझसे गाँव चलने का अनुरोध करने आई। वह लकड़ी रखने के मचान पर अपनी नई धोती बिछाकर मेरे कपड़े रख दे, दीवाल में कीलें गाड़कर और उन पर तख्ते रखकर मेरी किताबें सजा देगी, धान के पुआल का गोंदरा बनवाकर और उस पर अपना कम्बल बिछाकर वह मेरे सोने का प्रबन्ध करेगी। मेरे रंग, स्याही आदि को नई हँडियों में सँजोकर रख देगी और कागज-पत्रों को छीके में यथाविधि एकत्र कर देगी।

'मेरे पास वहाँ जाकर रहने के लिए रुपया नहीं है', यह मैंने भक्तिन के प्रस्ताव को अवकाश न देने के लिए कहा था; पर उसके परिणाम ने मुझे विस्मित कर दिया। भक्तिन ने परम रहस्य का उद्घाटन करने की मुद्रा बनाकर और अपना पोपला मुँह मेरे कान के पास लाकर हौले-हौले बताया कि उसके पास पाँच बीसी और पाँच रुपया गड़ा रखा है। उसी से वह सब प्रबन्ध कर लेगी। फिर लड़ाई तो कुछ अमरौती खाकर

आई नहीं है। जब सब ठीक हो जायेगा, तब यहीं लौट आयेंगे। भक्तिन की कंजूसी के प्राण पुञ्जीभूत होते-होते पर्वताकार बन चुके थे; परन्तु इस उदारता के डाइनामाइट ने क्षण भर में उन्हें उड़ा दिया। इतने थोड़े रुपये का कोई महत्त्व नहीं; परन्तु रुपये के प्रति भक्तिन का अनुराग इतना प्रख्यात हो चुका है कि मेरे लिए उसका परित्याग मेरे महत्त्व की सीमा तक पहुँचा देता है।

भक्तिन और मेरे बीच में सेवक-स्वामी का सम्बन्ध है, यह कहना कठिन है; क्योंकि ऐसा कोई स्वामी नहीं हो सकता, जो इच्छा होने पर भी सेवक को अपनी सेवा से हटा न सके और ऐसा कोई सेवक भी नहीं सुना गया, जो स्वामी से चले जाने का आदेश पाकर अवज्ञा से हँस दे। भक्तिन को नौकर कहना उतना ही असंगत है जितना अपने घर में बारी-बारी से आने-जाने वाले अँधेरे-उजाले और आँगन में फूलने वाले गुलाब और आम को सेवक मानना। वे जिस प्रकार एक अस्तित्व रखते हैं, जिसे सार्थकता देने के लिए ही हमें सुख-दुःख देते हैं, उसी प्रकार भक्तिन का स्वतंत्र व्यक्तित्व अपने विकास के परिचय के लिए ही मेरे जीवन को घेरे हुए है।

परिवार और परिस्थितियों के कारण उसके स्वभाव में जो विषमताएँ उत्पन्न हो गई हैं, उनके भीतर से एक स्नेह और सहानुभूति की आभा फूटती रहती है, इसी से उसके सम्पर्क में आने वाले व्यक्ति उसमें जीवन की सहज मार्मिकता ही पाते हैं। छात्रावास की बालिकाओं में से कोई अपनी चाय बनवाने के लिए उसके चौके के कोने में घुसी रहती है, कोई दूध औटवाने के लिए देहली पर बैठी रहती है, कोई बाहर खड़ी मेरे लिए बने नाश्ते को चखकर उसके स्वाद की विवेचना करती रहती है। मेरे बाहर निकलते ही सब चिड़ियों के समान उड़ जाती हैं और भीतर आते ही यथास्थान विराजमान हो जाती हैं। इन्हें आने में रुकावट न हो, सम्भवतः इसी से भक्तिन अपना दोनों जून का भोजन सबेरे ही बनाकर ऊपर के आले में रख देती है और खाते समय चौके का एक कोना धोकर पाक-छूत के सनातन नियम से समझौता कर लेती है।

मेरे परिचितों और साहित्यिक बन्धुओं से भी भक्तिन विशेष परिचित है; पर उनके प्रति भक्तिन के सम्मान की मात्रा, मेरे प्रति उनके सम्मान की मात्रा पर निर्भर है और सद्भाव उनके प्रति मेरे सद्भाव से निश्चित होता है। इस सम्बन्ध में भक्तिन की सहजबुद्धि विस्मित कर देने वाली है।

वह किसी को आकार-प्रकार और वेशभूषा से स्मरण करती है और किसी को नाम के अपभ्रंश द्वारा। कवि और कविता के सम्बन्ध में उसका ज्ञान बढ़ा है; पर आदर-भाव नहीं। किसी के लम्बे बाल और अस्त-व्यस्त वेशभूषा देखकर वह कह उठती है—'का ओहू कवित्त लिखे जानत है' और तुरन्त ही उसकी अवज्ञा प्रकट हो

जाती है—'तब ऊ कुच्छौ करिहैं-धरिहैं ना—बस गली-गली गाउत-बजाउत फिरिहैं।'

पर सबका दुःख उसे प्रभावित कर सकता है। विद्यार्थी वर्ग में से कोई जब कारागार का अतिथि हो जाता है, तब उस समाचार से व्यथित भक्तिन 'बीता-बीता भरे लड़कन का जेहल-कलजुग रहा तौन रहा अब परलय होइ जाई—उनकर माई का बड़े लाट तक लड़ै का चाही', कहकर दिनभर सबको परेशान करती रहती है। बापू से लेकर साधारण व्यक्ति तक सबके प्रति भक्तिन की सहानुभूति एकरस मिलती है।

भक्तिन के संस्कार ऐसे हैं कि वह कारागार से वैसे ही डरती है, जैसे यमलोक से। ऊँची दीवार देखते ही, वह आँख मूँदकर बेहोश हो जाना चाहती है। उसकी यह कमजोरी इतनी प्रसिद्धि पा चुकी है कि लोग मेरे जेल जाने की सम्भावना बता-बताकर उसे चिढ़ाते रहते हैं। वह डरती नहीं, यह कहना असत्य होगा; पर डर से भी अधिक महत्त्व मेरे साथ का ठहरता है। चुपचाप मुझसे पूछने लगती है कि वह अपनी कै धोती साबुन से साफ कर ले, जिससे मुझे वहाँ उसके लिए लज्जित न होना पड़े। क्या-क्या सामान बाँध ले, जिससे मुझे वहाँ किसी प्रकार की असुविधा न हो सके। ऐसी यात्रा में किसी को किसी के साथ जाने का अधिकार नहीं, यह आश्वासन भक्तिन के लिए कोई मूल्य नहीं रखता। वह मेरे न जाने की कल्पना से इतनी प्रसन्न नहीं होती, जितनी अपने साथ न जा सकने की सम्भावना से अपमानित। भला ऐसा अन्धेर हो सकता है! जहाँ मालिक वहाँ नौकर—मालिक को ले जाकर बन्द कर देने से इतना अन्याय नहीं; पर नौकर को अकेले मुक्त छोड़ देने में पहाड़ के बराबर अन्याय है। ऐसा अन्याय होने पर भक्तिन को बड़े लाट तक लड़ना पड़ेगा। किसी की माई यदि बड़े लाट तक नहीं लड़ी, तो नहीं लड़ी; पर भक्तिन का तो बिना लड़े काम ही नहीं चल सकता।

ऐसे विषम प्रतिद्वन्द्वियों की स्थिति कल्पना में भी दुर्लभ है।

मैं प्रायः सोचती हूँ कि जब ऐसा बुलावा आ पहुँचेगा, जिसमें न धोती साफ करने का अवकाश रहेगा, न सामान बाँधने का, न भक्तिन को रुकने का अधिकार होगा, न मुझे रोकने का, तब चिर विदा के अन्तिम क्षणों में यह देहातिन वृद्धा क्या करेगी और मैं क्या करूँगी?

भक्तिन की कहानी अधूरी है; पर उसे खोकर मैं इसे पूरी नहीं करना चाहती।

□□

दो

मुझे चीनियों में पहचान कर स्मरण रखने योग्य विभिन्नता कम मिलती है। कुछ समतल मुख एक ही साँचे में ढले से जान पड़ते हैं और उनकी एकरसता दूर करने वाली, वस्त्र पर पड़ी हुई सिकुड़न जैसी नाक की गठन में भी विशेष अन्तर नहीं दिखाई देता। कुछ तिरछी, अधखुली और विरल भूरी बरुनियों वाली आँखों की तरल रेखाकृति देखकर भ्रान्ति होती है कि वे सब एक नाप के अनुसार किसी तेज धार से चीर कर बनाई गई हैं। स्वाभाविक पीतवर्ण धूप के चरण-चिह्न पर पड़े हुए धूल के आवरण के कारण कुछ ललछहे सूखे पत्ते की समानता पा लेता है। आकार-प्रकार, वेश-भूषा सब मिलकर इन दूर-देशियों को यन्त्रचालित पुतलों की भूमिका दे देते हैं; इसी से अनेक बार देखने पर भी एक फेरीवाले चीनी को दूसरे से भिन्न करके पहचानना कठिन है।

पर आज मुखों की एक समष्टि में मुझे एक मुख आर्द्र नीलिमामयी आँखों के साथ स्मरण आता है, जिसकी मौन भंगिमा कहती है—हम कार्बन की कापियाँ नहीं हैं। हमारी भी एक कथा है। यदि जीवन की वर्णमाला के सम्बन्ध में तुम्हारी आँखें निरक्षर नहीं, तो तुम पढ़कर देखो न।

कई वर्ष पहले की बात है। मैं ताँगे से उतर कर भीतर आ रही थी और भूरे कपड़े का गट्ठर बायें कन्धे के सहारे पीठ पर लटकाये हुए और दाहिने हाथ में लोहे का गज घुमाता हुआ चीनी फेरीवाला फाटक से बाहर निकल रहा था। सम्भवतः मेरे

घर को बन्द पाकर वह लौटा जा रहा था। 'कुछ लेगा मेम साब'—दुर्भाग्य का मारा चीनी। उसे क्या पता कि यह सम्बोधन मेरे मन में रोष की सबसे तुंग तरंग उठा देता है। मइया, माता, जीजी, दिदिया, बिटिया आदि न जाने कितने सम्बोधनों से मेरा परिचय है, और सब मुझे प्रिय हैं; पर यह विजातीय सम्बोधन मानो सारा परिचय छीनकर मुझे गाउन में खड़ा कर देता है। इस सम्बोधन के उपरान्त मेरे पास से निराश होकर न लौटना असम्भव नहीं तो कठिन अवश्य है।

मैंने अवज्ञा से उत्तर दिया--'मैं विदेशी—फॉरेन—नहीं खरीदती।' 'हम फॉरेन हैं? हम तो चाइना से आता है' कहने वाले के कंठ में सरल विस्मय के साथ उपेक्षा की चोट से उत्पन्न चोट भी थी। इस बार रुककर, उत्तर देने वाले को ठीक से देखने की इच्छ हुई। धूल से मटमैले सफेद किरमिच के जूते में छोटे पैर छिपाये, पतलून और पैजामे का सम्मिश्रित परिणाम जैसा पैजामा और कुरते तथा कोट की एकता के आधार पर सिला कोट पहने, उधड़े हुए किनारों से पुरानेपन की घोषणा करते हुए हैट से आधा ढका माथा ढके, दाढ़ी-मूँछ विहीन दुबली-नाटी जो मूर्ति खड़ी थी, वह तो शाश्वत चीनी है। उसे सबसे अलग करके देखने का प्रश्न जीवन में पहली बार उठा।

मेरी उपेक्षा से उस विदेशीय को चोट पहुँची, यह सोचकर मैंने अपनी 'नहीं' को और अधिक कोमल बनाने का प्रयास किया, 'मुझे कुछ नहीं चाहिए भाई!' चीनी भी विचित्र निकला, 'हमको भाय बोला है तब जरूल लेगा, जरूल लेगा—हाँ?' 'होम करते हाथ जला' वाली कहावत हो गई विवश कहना पड़ा—'देखूँ तुम्हारे पास है क्या?' चीनी बरामदे में कपड़े का गट्ठर उतारता हुआ कह चला—'भोत अच्चा सिल्क लाता है सिस्तर! चाइना सिल्क, क्रेप'......बहुत कहने-सुनने के उपरान्त दो मेजपोश खरीदना आवश्यक हो गया। सोचा—चलो छुट्टी हुई। इतनी कम बिक्री होने के कारण चीनी अब कभी इस ओर आने की भूल न करेगा।

पर कोई पन्द्रह दिन बाद वह बरामदे में अपनी गठरी पर बैठकर गज को फर्श पर बजा-बजाकर गुनगुनाता हुआ मिला। मैंने उसे कुछ बोलने का अवसर न देकर व्यस्त भाव से कहा—'अब तो मैं कुछ न लूँगी। समझे?' चीनी खड़ा होकर जेब से कुछ निकालता हुआ प्रफुल्ल मुद्रा से बोला—'सिस्तर का वास्ते हैंकी लाता है—भोत बेस्त, सब सेल हो गया। हम इसको पाकेत में छिपा के लाता है।'

देखा, कुछ रूमाल थे। ऊदी रंग के डोरे से भरे हुए किनारों का हर घुमाव और कोनों में उसी रंग से बने नन्हें फूलों की प्रत्येक पंखुड़ी चीनी नारी की कोमल उँगलियों की कलात्मकता ही नहीं व्यक्त कर रही थी, जीवन के अभाव की करुण

कहानी भी कह रही थी। मेरे मुख के निषेधात्मक भाव को लक्ष्य कर अपनी नीली रेखाकृति आँखों को जल्दी-जल्दी बन्द करते और खोलते हुए वह एक साँस में—'सिस्तर का वास्ते लाता है, सिस्तर का वास्ते लाता है', दोहराने-तिहराने लगा।

मन में सोचा—अच्छा भाई मिला है। बचपन में मुझे लोग चीनी कहकर चिढ़ाया करते थे। सन्देह होने लगा, उस चिढ़ाने में कोई तत्त्व भी रहा होगा। अन्यथा आज यह सचमुच का चीनी, सारे इलाहाबाद को छोड़कर मुझसे बहिन का सम्बन्ध क्यों जोड़ने आता! पर उस दिन से चीनी को मेरे यहाँ जब-तब आने का विशेष अधिकार प्राप्त हो गया। चीन का साधारण श्रेणी का व्यक्ति भी कला के सम्बन्ध में विशेष अभिरुचि रखता है, इसका पता भी उसी चीनी की परिष्कृत रुचि में मिला।

नीली दीवार पर किस रंग के चित्र सुन्दर जान पड़ते हैं, हरे कुशन पर किस प्रकार के पक्षी अच्छे लगते हैं, सफेद पर्दे के कोनों में किस बनावट के फूल-पत्ते खिलेंगे आदि के विषय में चीनी उतनी ही जानकारी रखता था, जितनी किसी अच्छे कलाकार में मिलेगी। रंग से उसका अति परिचय यह विश्वास उत्पन्न कर देता था कि वह आँखों पर पट्टी बाँध देने पर भी स्पर्श से रंग पहचान लेगा।

चीन के वस्त्र, चीन के चित्र आदि की रंगमयता देखकर भ्रम होने लगता है कि वहाँ की मिट्टी का हर कण भी इन्हीं रंगों से रँगा हुआ न हो। चीन देखने की इच्छा प्रकट करते ही 'सिस्तर का वास्ते हम चलेगा।' कहते-कहते चीनी की आँखों की नीली रेखा प्रसन्नता से उजली हो उठती थी।

अपनी कथा सुनाने के लिए भी वह विशेष उत्सुक रहा करता था; पर कहने-सुनने वाले के बीच की खाई बहुत गहरी थी। उसे चीनी और बर्मी भाषाएँ आती थीं, जिनके सम्बन्ध में अपनी सारी विद्या-बुद्धि के साथ मैं 'आँखों के अन्धे नाम नैनसुख' की कहावत चरितार्थ करती थी। अंग्रेजी की क्रियाहीन संज्ञाएँ और हिन्दुस्तानी की संज्ञाहीन क्रियाओं के सम्मिश्रण से जो विचित्र भाषा बनती थी, उसमें कथा का सारा मर्म बँध नहीं पाता था; पर जो कथाएँ हृदय का बाँध तोड़कर दूसरों को अपना परिचय देने के लिए बह निकलती हैं, वे प्रायः करुण होती हैं और करुणा की भाषा शब्दहीन रहकर भी बोलने में समर्थ है। चीनी फेरीवाले की कथा भी इसका अपवाद नहीं।

जब उसके माता-पिता ने मांडले आकर चाय की छोटी दुकान खोली, तब उसका जन्म नहीं हुआ था। उसे जन्म देकर और सात वर्ष की बहिन के संरक्षण में छोड़कर जो परलोक सिधारी, उस अनदेखी माँ के प्रति चीनी की श्रद्धा अटूट थी।

सम्भवतः माँ ही ऐसा प्राणी है, जिसे कभी न देख पाने पर भी मनुष्य ऐसे

स्मरण करता है, जैसे उसके सम्बन्ध में कुछ जानना बाकी नहीं। यह स्वाभाविक भी है।

मनुष्य को संसार से बाँधने वाला विधाता माँ ही है, इसी से उसे न मानकर संसार को न मानना सहज है; पर संसार को मानकर उसे न मानना असम्भव ही रहता है।

पिता ने जब दूसरी बर्मी चीनी स्त्री को गृहिणी पद पर अभिषिक्त किया, तब उन मातृहीनों की यातना की कठोर कहानी आरम्भ हुई। दुर्भाग्य इतने से ही सन्तुष्ट नहीं हो सका, क्योंकि उसके पाँचवें वर्ष में पैर रखते-न-रखते एक दुर्घटना में पिता ने प्राण भी खोये।

अन्य अबोध बालकों के समान उसने सहज ही अपनी परिस्थितियों से समझौता कर लिया; पर बहिन और विमाता में किसी प्रस्ताव को लेकर जो वैमनस्य बढ़ रहा था, वह इस समझौते को उत्तरोत्तर विषाक्त बनाने लगा। किशोरी बालिका की अवज्ञा का बदला उसी को नहीं, उसके अबोध भाई को कष्ट देकर भी चुकाया जाता था। अनेक बार उसने ठिठुरती हुई बहिन की कम्पित उँगलियों में अपना हाथ रख, उसके मलिन वस्त्रों में अपना आँसुओं से धुला मुख छिपा और उसकी छोटी-सी गोद में सिमटकर भूख भुलाई थी। कितनी ही बार सबेरे, आँख मूँदकर बन्द द्वार के बाहर दीवार से टिकी हुई बहिन की ओर से गीले बालों में, अपनी ठिठुरी उँगलियों को गर्म करने का व्यर्थ प्रयास करते हुए, उसने पिता के पास जाने का रास्ता पूछा था। उत्तर में बहिन के फीके गाल पर चुपचाप ढुलक आने वाले आँसू की बड़ी बूँद देखकर वह घबराकर बोल उठा था—उसे कहवा नहीं चाहिए, वह तो पिता को देखन भर चाहता है।

कई बार पड़ोसियों के यहाँ रकाबियाँ धोकर और काम के बदले भात माँगकर बहिन ने भाई को खिलाया था। व्यथा की कौन-सी अन्तिम मात्रा ने बहिन के नन्हें हृदय का बाँध तोड़ डाला, इसे अबोध बालक क्या जाने। पर, एक रात उसने बिछौने पर लेटकर बहिन की प्रतीक्षा करते-करते आधी आँख खोली और विमाता को कुशल बाजीगर की तरह, मैली-कुचैली बहिन का काया-पलट करते देखा। उसके सूखे ओठों पर विमाता को मोटी उँगली ने दौड़-दौड़कर लाली फेरी, उसके फीके गालों पर चौड़ी हथेली ने घूम-घूमकर सफेद गुलाबी रंग भरा, उसके रूखे बालों को कठोर हाथों ने घेर-घेर कर सँवारा और तब नये रंगीन वस्त्रों में सजी हुई उस मूर्ति को एक प्रकार से ठेलती हुई विमाता रात के अन्धकार में बाहर अन्तर्हित हो गई।

बालक का विस्मय भय में बदल गया और भय ने रोने में शरण पाई—कब

वह रोते-रोते सो गया, इसका पता नहीं; पर जब वह किसी के स्पर्श से जागा, तो बहिन उस गठरी बने भाई के मस्तक पर मुख रखकर सिसकियाँ रोक रही थी। उस दिन उसे अच्छा भोजन मिला, दूसरे दिन कपड़े, तीसरे दिन खिलौने--पर बहिन के दिनों-दिन विवर्ण होने वाले होंठों पर अधिक गहरे रंग की आवश्यकता पड़ने लगी, उसके उत्तरोत्तर फीके पड़ने वाले गालों पर देर तक पाउडर मला जाने लगा।

बहिन के छीजते शरीर और घटती शक्ति का अनुभव बालक करता था; पर वह किससे कहे, क्या करे, यह उसकी समझ के बाहर की बात थी। बार-बार सोचता था, पिता का पता मिल जाता, तो सब ठीक हो जाता। उसके स्मृति-पट पर माँ की कोई रेखा नहीं; परन्तु पिता का जो अस्पष्ट चित्र अंकित था, उससे उनके स्नेह-शील होने में सन्देह नहीं रह जाता। प्रतिदिन निश्चय करता कि दुकान में आने वाले प्रत्येक व्यक्ति से पिता का पता पूछेगा और एक दिन चुपचाप उनके पास पहुँच और उसी तरह चुपचाप उन्हें घर लाकर खड़ा कर देगा—तब यह विमाता कितनी डर जायेगी और बहिन कितनी प्रसन्न होगी?

चाय की दुकान का मालिक अब दूसरा था; परन्तु पुराने मालिक के पुत्र के साथ उसके व्यवहार में सहृदयता कम नहीं रही, इसी से बालक एक कोने में सिकुड़कर खड़ा हो गया और आने वालों से हकला-हकला कर पिता का पता पूछने लगा। कुछ ने उसे आश्चर्य से देखा, कुछ मुस्करा दिये; पर दो-एक ने दुकानदार से कुछ ऐसी बात कही, जिससे वह बालक को हाथ पकड़कर बाहर ही नहीं छोड़ आया, इस भूल की पुनरावृत्ति होने पर विमाता से दण्ड दिलाने की धमकी भी दे गया। इस प्रकार उसकी खोज का अन्त हुआ।

बहिन का सन्ध्या होते ही कायापलट, फिर उसका आधीरात बीत जाने पर भारी पैरों से लौटना, विशाल शरीर वाली विमाता का जंगली बिल्ली की तरह हलके पैरों से बिछौने से उछलकर उतर आना, बहिन के शिथिल हाथों से बटुए का छिन जाना और उसका भाई के मस्तक पर मुख रखकर स्तब्ध भाव से पड़ रहना आदि क्रम ज्यों-के-त्यों चलते रहे।

पर एक दिन बहिन लौटी ही नहीं। सवेरे विमाता को कुछ चिन्तित भाव से खोजते देख बालक सहसा किसी अज्ञात भय से सिहर उठा। बहिन—उसकी एकमात्र आधार बहिन। पिता का पता न पा सका और अब बहिन भी खो गई। वह जैसा था वैसा ही बहिन को खोजने के लिए गली-गली में मारा-मारा फिरने लगा। रात में वह जिस रूप में परिवर्तित हो जाती थी, उसमें दिन को उसे पहचान सकना कठिन था, इसी से वह जिसे अच्छे कपड़े पहने हुए जाता देखता, उसी के पास पहुँचने के लिए

सड़क के एक ओर से दूसरी ओर दौड़ पड़ता। कभी किसी से टकराकर गिरते-गिरते बचता, कभी किसी से गाली खाता, कभी कोई दया से प्रश्न कर बैठता—क्या इतना जरा-सा लड़का भी पागल हो गया है।

इसी प्रकार भटकता हुआ वह गिरहकटों के गिरोह के हाथ लगा और तब उसकी दूसरी शिक्षा आरम्भ हुई। जैसे लोग कुत्ते को दो पैरों से बैठना, गर्दन ऊँची कर खड़ा होना, मुँह पर पंजे रखकर सलाम करना आदि करतब सिखाते हैं, उसी प्रकार से सब उसे तम्बाखू के धुएँ और दुर्गन्धित साँस से भरे और फटे चिथड़े, टूटे बरतन और मैले शरीरों से बसे हुए कमरे में बन्द कर कुछ विशेष संकेतों और हँसने-रोने के अभिनय में पारंगत बनाने लगे।

कुत्ते के पिल्ले के समान ही वह घुटनों के बल खड़ा रहता और हँसने-रोने की विविध मुद्राओं का अभ्यास करता। हँसी का स्रोत इस प्रकार सूख चुका था कि अभिनय में भी वह बार-बार भूल करता और मार खाता। पर क्रन्दन उसके भीतर इतना अधिक उमड़ा रहता था कि जरा मुँह बनाते ही दोनों आँखों से दो गोल-गोल बूँदें नाक के दोनों ओर निकल आतीं और पतली समानान्तर रेखा बनातीं और मुँह के दोनों सिरों को छूती हुई ठुड्डी के नीचे तक चली जातीं। इसे अपनी दुर्लभ शिक्षा का फल समझकर, रोओं से काले उदर पर पीला-सा रंग बाँधने वाला उसका शिक्षक प्रसन्नता से उछलकर उसे एक लात जमाकर पुरस्कार देता।

वह दल बर्मी, चीनी, श्यामी आदि का सम्मिश्रण था, इसी से 'चोरों की बरात में अपनी-अपनी होशियारी' के सिद्धान्त का पालन बड़ी सतर्कता से हुआ करता। जो उस पर कृपा रखते थे, उनके विरोधियों का सन्देहपात्र होकर पिटना भी उसका परम कर्त्तव्य हो जाता था। किसी की कोई वस्तु खोते ही उस पर सन्देह की ऐसी दृष्टि आरम्भ होती कि बिना चुराये ही वह चोर के समान काँपने लगता और तब उस 'चोर के घर छिछोर' की जो मरम्मत होती थी, उसका स्मरण करके चीनी की आँखें आज भी व्यथा और अपमान से धक-धक जलने लगती थीं।

सबके खाने के पात्र से बचा उच्छिष्ट एक तामचीनी के टेढ़े-मेढ़े बरतन में सिगार से जगह-जगह जले हुए कागज से ढककर रख दिया जाता था, जिसे वह हरी आँखों वाली काली बिल्ली के साथ मिलकर खाता था।

बहुत रात गये तक उनके नरक के साथी एक-एक कर आते रहते और अँगीठी के पास सिकुड़कर लेटे हुए बालक को ठुकराते हुए निकल जाते। उनके पैरों की आहट को पढ़ने का उसे अच्छा अभ्यास हो चला था। जो हलके पैरों को जल्दी-जल्दी

रखता हुआ आता है, उसे बहुत कुछ मिल गया है; जो शिथिल पैरों को घसीटता हुआ लौटता है, वह खाली हाथ है; जो दीवार को टटोलता हुआ लड़खड़ाते पैरों से बढ़ता है वह शराब में सब खोकर बेसुध आया है; जो देहली से ठोकर खाकर धम-धम पैर रखता हुआ घुसता है, उसने किसी से झगड़ा मोल ले लिया है, आदि का ज्ञान उसे अनजान में ही प्राप्त हो गया था।

यदि दीक्षान्त संस्कार के उपरान्त विद्या के उपयोग का श्रीगणेश होते ही उसकी भेंट पिता के परिचित एक चीनी व्यापारी से न हो जाती, तो इस साधना से प्राप्त विद्वत्ता का क्या अन्त होता, यह बताना कठिन है। पर संयोग ने उसके जीवन की दिशा को इस प्रकार बदल दिया कि वह कपड़े की दुकान पर व्यापारी की विद्या सीखने लगा।

प्रशंसा के पुल बाँधते-बाँधते वर्षों पुराना कपड़ा सबसे पहले उठा लाना, गज से इस तरह नापना कि जौ बराबर भी आगे न बढ़े चाहे अंगुल भर पीछे रह जाय, रुपये से लेकर पाई तक को खूब देख-भालकर लेना और लौटाते समय पुराने खोटे पैसे विशेष रूप से खनका-खनका कर दे डालना आदि का ज्ञान कम रहस्यमय नहीं था। पर मालिक के साथ भोजन मिलने के कारण, बिल्ली के संग उच्छिष्ट सहभोग की आवश्यकता नहीं रही और दुकान में सोने की व्यवस्था होने से अँगीठी के पास ठोकरों से पुरस्कृत होने की विवशता जारी रही। चीनी छोटी अवस्था में ही समझ गया था कि धन-संचय से सम्बन्ध रखने वाली सभी विद्याएँ एक-सी हैं; पर मनुष्य किसी का प्रयोग प्रतिष्ठापूर्वक कर सकता है और किसी का छिपा कर।

कुछ अधिक समझदार होने पर उसने अपनी अभागी बहिन को ढूँढ़ने का बहुत प्रयत्न किया; पर उसका पता न पा सका। ऐसी बालिकाओं का जीवन खतरे से खाली नहीं रहता। कभी वे मूल्य देकर खरीदी जाती हैं और कभी बिना मूल्य के गायब कर दी जाती हैं। कभी वे निराश होकर आत्महत्या कर लेती हैं और कभी शराबी ही नशे में उन्हें जीवन से मुक्त कर देते हैं। उस रहस्य की सूत्रधारिणी विमाता भी सम्भवतः पुनर्विवाह कर किसी और को सुखी बनाने के लिए कहीं दूर चली गई थी। इस प्रकार उस दिशा में खोज का मार्ग ही बन्द हो गया।

इसी बीच में मालिक के काम से चीनी रंगून आया, फिर दो वर्ष कलकत्ते में रहा और तब अन्य साथियों के साथ उसे इस ओर आने का आदेश मिला। यहाँ शहर में एक चीनी जूते वाले के घर ठहरा है और सवेरे आठ से बारह और दो से छः बजे तक फेरी लगाकर कपड़े बेचता रहता है।

चीनी की दो इच्छाएँ हैं, ईमानदार बनने की और बहिन को ढूँढ़ लेने की—

जिनमें से एक की पूर्ति तो स्वयं उसी के हाथ में है और दूसरी के लिए वह प्रतिदिन भगवान् बुद्ध से प्रार्थना करता है।

बीच-बीच में वह महीनों के लिए बाहर चला जाता था; पर लौटते ही 'सिस्तर का वास्ते ई लाता है' कहता हुआ कुछ लेकर उपस्थित हो जाता। इस प्रकार उसे देखते-देखते मैं इतनी अभ्यस्त हो चुकी थी कि जब एक दिन वह 'सिस्तर का वास्ते' कहकर और शब्दों की खोज करने लगा तब मैं उसकी कठिनाई न समझकर हँस पड़ी। धीरे-धीरे पता चला—बुलावा आया है, वह लड़ने के लिए चाइना जायगा। इतनी जल्दी कपड़े कहाँ बेचे ओर न बेचने पर मालिक को हानि पहुँचाकर बेईमान कैसे बने! यदि मैं उसे आवश्यक रुपया देकर सब कपड़े ले लूँ, तो वह मालिक का हिसाब चुकता कर तुरन्त देश की ओर चल दे।

किसी दिन पिता का पता पूछने जाकर वह हकलाया था—आज भी संकोच से हकला रहा था। मैंने सोचने का अवकाश पाने के लिए प्रश्न किया—'तुम्हारे तो कोई है ही नहीं, फिर बुलावा किसने भेजा?' चीनी की आँखें विस्मय से भर कर पूरी खुल गईं—हम कब बोला, हमारा चाइना नहीं है? हम कब ऐसा बोला सिस्तर?' मुझे स्वयं अपने प्रश्न पर लज्जा आई; इसका इतना बड़ा चीन रहते वह अकेला कैसे होगा!

मेरे पास रुपया रहना ही कठिन है, अधिक रुपये की चर्चा ही क्या? पर कुछ अपने पास खोज-ढूँढ़कर और कुछ दूसरों से उधार लेकर मैंने चीनी के जाने का प्रबन्ध किया। मुझे अन्तिम अभिवादन कर जब वह चञ्चल पैरों से जाने लगा, तब मैंने पुकार कर कहा—यह गज तो लेते जाओ'—चीनी सहज स्मित के साथ घूमकर 'सिस्तर का वास्ते' ही कह सका। शेष शब्द उसके हकलाने में खो गये।

और आज कई वर्ष हो चुके हैं—चीनी को फिर देखने की सम्भावना नहीं, उसकी बहिन से मेरा कोई परिचय नहीं; पर न जाने क्यों वे दोनों भाई-बहिन मेरे लिए स्मृति-पट से हटते ही नहीं।

चीनी की गठरी में से कई थान मैं अपने ग्रामीण बालकों के कुरते बना-बनाकर खर्च कर चुकी हूँ; परन्तु अब भी तीन थान मेरी आलमारी में रखे हैं और लोहे का गज दीवार के कोने में खड़ा है। एक बार जब इन थानों को देखकर एक खादी-भक्त बहिन ने आक्षेप किया था—'जो लोग बाहर से विशुद्ध खद्दरधारी होते हैं, वे भी विदेशी रेशम के थान खरीदकर रखते हैं, इसी से तो देश की उन्नति नहीं होती।' तब मैं बड़े कष्ट से हँसी रोक सकी थी।

वह जन्म का दुखिया मातृ-पितृहीन और बहिन से बिछुड़ा हुआ चीनी भाई अपने समस्त स्नेह का एकमात्र आधार चीन में पहुँचने का आत्मतोष पा गया है, इसका कोई प्रमाण नहीं; पर मेरा मन यही कहता है।

❏❏

तीन

बादामी रंग के पुराने कागज के टुकड़े पर लिखी हुई रसीद उँगलियों में थामे हुए, जब मैं कुलियों के चित्रगुप्त अर्थात् ठेकेदार की ओर से मुँह फेरकर बाहर, बुझने से पहले जल उठने वाले दीपक-जैसी सन्ध्या को देखने लगी, तब उन्हें अपनी अधीनस्थ आत्माओं का लेखा-जोखा और अपनी महत्ता का वर्णन रोकना पड़ा। कई बार खाँस-खाँस कर जब वृद्ध महोदय श्रोता की उदासीनता भंग न कर सके, तब कुछ आगे की ओर झुके हुए दाहिने कोने में मटमैला निब वाला कलम खोंसकर और टेढ़ी-मेढ़ी उँगलियों में बिना ढक्कन वाली और पानी मिली हुई फीकी स्याही से भरी दावात यत्न से दबाकर, धीरे-धीरे सीढ़ियों से नीचे उतर गये और उनके पीठ फेरते ही कितने ही कुली मेरे कमरे के सामने एकत्र होने लगे।

यह डोटियाल संज्ञाधारी जीव भी विचित्र है। नेपाल, भूटान आदि से जो कुली इस ओर आते हैं, उनकी विशेषता का मापदण्ड बोझा उठाने की शक्ति मात्र है। उनमें प्रायः छोटा-से-छोटा कुली भी डेढ़-दो मन का बोझ उठाकर ऊँचे पहाड़ों की मीलों लम्बी चढ़ाई पार कर जाता है; पर रूप में यह सब शिव के बराती हैं—केवल वे कुरूप हैं, दीन नहीं; और यह दीन अधिक हैं, कुरूप कम!

कोई टाट का सिला विचित्र पैजामा और फटे हुए काले खुदरे कम्बल का गिलाफ जैसा कुर्ता गले में लटकाये, भालू के समान घूम रहा है। कोई कोपीनधारी तार-तार फटा सूती कोट पहने, कमर से बोझ बाँधने की मोटी रस्सी लपेटे और रूखे खड़े बालों को खुजलाता हुआ सेही जैसा काँटेदार जन्तु जान पड़ता है। किसी के, कठिन एड़ी और ऐंठी फैली उँगलियों वाले पैर सड़क कूटने के दुर्मुठ से स्पर्धा करते हैं और किसी के, स्वरचित मूँज की खुरदरी चट्टी में सिकुड़-बाँधकर पंजे की भ्रान्ति उत्पन्न करते हैं।

कोई धूप में बैठकर कपड़ों में से जुएँ बीनता हुआ वानर का स्मरण दिलाता है और कोई दुकानदार से माँग-जाँच कर मुख तथा हाथ-पैर में मले हुए तेल के कारण जल से बाहर निकले हुए जलजन्तु की तरह चमकता है। ये भी मनुष्य हैं, इसे हम अभ्यासवश ही समझते हैं—इनमें मनुष्य का रूप पाकर नहीं।

ऐसे विविध अद्‌भुत रूपों की भीड़ देखकर मेरी मौसी तो कोने में दबकर बैठ गई और भक्तिन बाहर देहली पर खड़ी होकर विस्मय की मुद्रा से उनका निरीक्षण-परीक्षण करने लगी, क्योंकि दैन्य और विचित्रता का ऐसा समन्वय तो हमारे गाँवों में भी नहीं मिलता। मैंने कुछ उदासीन भाव से कहा—'तुम सब जाओ, हमारा कुली जंगबहादुर है, उसी को भेज दो।'

मेरी बात समझकर उनमें परस्पर देखा-देखी होने लगी। भीड़ में से कोई विशेष साहसी बोला—'माई जी ई है जंगिया' मैं इस नाम में जंगबहादुर को नहीं पहचान पाया, अतः फिर कहा—'जंगबहादुर को बुलाओ।'

वे विस्मित से एक-दूसरे को धकियाने लगे। फिर एक व्यक्ति को आगे ठेलकर दूसरे से कहा—'यई तो जंगिया बोलता है।' जिसे ढकेला था उसमें अपने कुली के उपयुक्त महत्ता का लेशमात्र न पाकर मैंने सन्देह से प्रश्न किया—'क्या नाम है तुम्हारा?' उत्तर मिला—'जंगबहादुर सिंह।'

नाम ने नाम के आधार को ठीक से देखना आवश्यक कर दिया। पर्वतीय पथ और पत्थरों की चोट से टूटे हुए नाखून और चुटीली उँगलियों के बीच में ढाल बनी हुई मूँज की चप्पल मानो मनुष्य को पशु बनाकर भी खुर न देने वाले परमात्मा का उपहास कर रही थी। पाँव से दो बालिश्त ऊँचा और ऊनी-सूती पैबन्दों से बना हुआ पैजामा मनुष्य की लज्जाशीलता की विडम्बना जैसा लगता था। किसी से कभी मिले हुए पुराने कोट में, नीचे के मटमैले अस्तर की झाँकी देती हुई ऊपरी तह तार-तार फटकर झालरदार हो उठी थी और अब अपने पहनने वाले को एक जन्तु की भूमिका

में उपस्थित करती थी। अस्पष्ट रंग और अनिश्चित रूप वाली दोपलिया टोपी के छेदों से रूखे बाल जहाँ-तहाँ झाँककर मैले पानी और उसके बीच-बीच में झाँकते हुए सेवार की स्मृति करा देते थे।

घनी भौंहों के नीचे मुख चौड़ा और नाक कुछ गोल हो गई थी। हँसी से निरन्तर खुले हुए ओठों के कोने कान तक फैलकर गाल और कान के अन्तर को छिपा देते थे। छोटी और विरल मूँछों के काली डोरी-जैसे छोर मुँह के दोनों ओर झूलकर छोटे-छोटे दाँतों से प्रकट होने वाले बचपन का विरोध कर रहे थे। एक ओर संकीर्ण माथे और दूसरी ओर छोटी गोल ठुड्डी से सीमित चौड़े मुख को, रोकर पोंछी हुई-सी छोटी आँखें वही सजल झलक देती थीं, जो रेगिस्तान के जलाशय में सम्भव है। गेहुँआँ रंग निरन्तर धूप में रहने के कारण कहीं पुराने ताँबे जैसा और कहीं झाईंदार हो गया है। बोझ बाँधने की गाँठ-गँठीली पुरानी रस्सी का एक छोर गले की माला बनता हुआ कन्धे से लटक रहा था, दूसरा कमरबन्द बनकर कोट के झबरेपन में कहीं छिपा, कहीं प्रकट था। ऐसा ही था वह जंगबहादुर सिंह उर्फ जंगिया। उसे अपने भाई धनसिंह के साथ मेरा सामान लेकर केदारनाथ होते हुए बदरिकानाथपुरी तक जाना और श्रीनगर लौटना था। एक रुपया प्रतिदिन के हिसाब से प्रत्येक की मजदूरी तय हुई थी, जिसमें से एक आना फी रुपया कमीशन, ठेकेदार का प्राप्य था।

'तुम्हारा भाई कहाँ है' पूछते ही 'धनिया, वो धनिया' की पुकार मच गई; पर बार-बार सबके ढकेलने पर भी जो भाई के पीछे ही अड़ा रहा, उसे मैंने बिना किसी के बताये ही धन सिंह समझ लिया। जंगबहादुर का चेहरा भी अपने छोटेपन के प्रति इतना सतर्क था कि उसे देखकर किसी पौराणिक अनुज का स्मरण हो आता था। गोल-मटोल कुछ पुष्ट शरीर वाले धनिया की आकृति भी उसके स्वभाव के अनुरूप थी। विरल भूरी भौंहों की सरल रेखा और छोटी नाक की कुछ नुकीली नोक उसकी सरलता का भी परिचय देती थी और तेजस्विता का भी। ओठों का दाहिना कोना कुछ ऊपर की ओर खिंचा-सा रहता था, जिससे उसके मुख पर मुस्कराने का भाव स्थायी हो गया था। रंग की स्वच्छता और त्वचा की चिकनाहट से प्रकट होता था कि कुली-जीवन की सारी कठोरता उसने अभी नहीं झेली है। टाट के पुराने पैजामे और जीन के फटे कोट ने उसे पराजित सिपाही की भूमिका दे डाली थी, जो उसके मुख के साथ विरोधाभास उत्पन्न करती थी।

पहाड़ के ऊँचे-नीचे रास्ते में मुझे अपना और अपने साथियों का जीवन इन्हें सौंपना होगा और मार्ग में जीवन की सब सुविधाओं के लिए यह मेरे संरक्षण में आ गये हैं, इस विचार ने उन दोनों कुलियों के प्रति मेरे मन में अयाचित ममता उत्पन्न

कर दी। कहा—'तुम दोनों सामान देख लो, अधिक लगे तो एक कुली और ठीक कर लिया जायेगा।'

आगे-आगे जंगिया और पीछे-पीछे धनिया ने कमरे में पैर रखा और मौसी तथा भक्तिन को विस्मित करते हुए वे भारी बंडलों को अनायास उठा-उठाकर बोझ का अनुमान करने लगे।

मैं पैदल ही लम्बी-लम्बी पर्वतीय यात्राएँ कर चुकी हूँ, जिनमें सफलता का मूलमन्त्र सामान कम रखना ही माना जाता है। अतः इस सम्बन्ध में मुझसे भूल होना सम्भव नहीं। फिर मैं यह विश्वास नहीं करती कि जिन यात्राओं में खाद्य सामग्री मिल जाने की सुविधाएँ हैं, वहाँ भी घी के पीपे और बिस्कुट के बीसियों टिन ढोते फिरा जाये। हिम के सुन्दर शिखरों की छाया में पाल्सन का बटर और हन्टले पामर्स के बिस्कुट खाना मेरी समझ में कम आता है; पर वहीं लकड़ी-कण्डे बटोर कर आलू भूनने और बाटी बनाने का सुख मैं विशेष रूप से जानती हूँ। मेरी मौसी अवश्य ही कुछ अधिक सामान ले जाने की इच्छा रखती थीं; परन्तु मेरी छोटी-सी इच्छा को भी बहुत मूल्य देने का उनका स्वभाव है। उनके बेटे जिन तीर्थों में उन्हें नहीं ले जा सकते, वहीं मैं ले जा रही हूँ, अतः मैं सब बेटों से बड़ी हूँ और मेरी बुद्धि सब प्रकार विश्वसनीय है, इस सम्बन्ध में उन्हें कोई सन्देह नहीं था।

इस प्रकार सबके इने-गिने कपड़े; पर सारे बिस्तर, दवा का बक्स, कपड़े साफ करने के लिए साबुन आदि आवश्यक वस्तुएँ ही साथ थीं, जिन्हें जंगबहादुर ने पास कर दिया और दूसरे दिन सवेरे ही हमारी यात्रा आरम्भ हुई।

ऐसी यात्रा में चलचित्र के समान जो जीवन दिखाई देता है, उससे हम किसी जाति के सम्बन्ध में ऐसा बहुत कुछ ज्ञातव्य जान सकते हैं, जो अन्य किसी प्रकार सम्भव नहीं।

घर में व्यक्ति अपने आश्रितों और सेवकों के प्रति अपने व्यवहार को छिपा सकता है, कृत्रिम बना सकता है, परन्तु यात्रा में ऐसा सहज नहीं होता। मनुष्य में जो भी स्वार्थपरता, विवेकहीनता, क्रूरता और असहिष्णुता रहती है, वह ऐसी यात्रा में पग-पग पर प्रकट होती चलती है। कुली को पैसे देते समय उसके विश्राम, भोजन का समय निश्चित करते हुए, साथियों के सुख-दुःख की चिन्ता और सहायता के अवसर पर मनुष्य अपने अन्तरतम का ऐसा आभास दे देता है, जिससे उसके चरित्र की अच्छी व्याख्या हो सकती है।

एक ओर श्वेत शतदल की पंखुड़ियों की तरह कुछ खुली, कुछ बन्द, कहीं

स्पष्ट, कहीं अलक्ष्य पर्वत-श्रेणियों और दूसरी ओर कहीं हरितदल से फैले खेत और कहीं गली चाँदी जैसे स्रोतों के बीच में जो जीवन गतिशील है, उसे देखकर प्रसन्नता से अधिक करुणा आती है।

डाँडी में बैठा हुआ कोई लम्बोदर अपने हाँफते हुए कुलियों को 'सर्प-सर्प' कहकर इस तरह दौड़ाता है कि उसे देखकर हमें, स्वर्ग पर अधिकार पाकर भी देवता न बन पाने वाले नहुष का स्मरण हो आता है। किसी डाँडी में कोई सम्पन्न घर की शृंगारिता प्रसाधित महिला पर्वत के सौन्दर्य की उपेक्षा कर झपकियाँ लेती जाती है। किसी में घुटे सिर और सूखी लकड़ी से शरीर वाली कोई वृद्धा, कटु-तिक्त अनुपान से उत्पन्न मुद्रा धारण किये और राह में आँख गड़ाए हुए हिलती-डुलती चली जाती है। कहीं कोई धनहीन प्रौढ़ झप्पान में बैठकर दोनों पाँव लटकाये हुए, याचना-भाव से आकाश की ओर ताकता है, कहीं कोई छोटे टट्टू पर विराजमान वीर, घोड़ेवाले को पूँछ पकड़कर चलने के लिए मना कर रहा है, क्योंकि इस व्यायाम से वह सभीत हो जाता है। कहीं डाँडी में मृगचर्म बिछाकर बैठे हुए मठाधीश, शंख-झालर लेकर पैदल चलने वाले शिष्यों को देख-देखकर सदेह स्वर्गारोहण का सुख अनुभव कर रहे हैं।

इस डाँडी, झप्पान, टट्टू आदि से भरे-पूरे दल के अतिरिक्त एक दूसरा दल भी है, जिसमें दरिद्रों का ही बाहुल्य है। प्रायः रुपयों के अभाव में इनमें से अधिकांश बिना टिकट ही रेल-यात्रा समाप्त कर आने में निपुण होते हैं। फिर पाँच रुपये से लेकर पाँच आने तक अंटी में रखकर और गठरी में सत्तू-चबेना-गुड़ का पाथेय लेकर चलते हैं। जीवित लौटने के साधनों के अभाव में इनकी यात्रा सबसे अन्तिम विदा के उपरान्त ही आरम्भ होती है। राह में जहाँ बीमार हुए, साथी छोड़कर आगे बढ़ गये। दो-चार दिन वहाँ ठहरने से सबका पाथेय और रुपया धेली चुक जाने का डर रहता है और उस दशा में किसी का भी लक्ष्य तक पहुँचना असम्भव हो सकता है। इसी से वह सब घर से ही ऐसा समझौता करके चलते हैं, क्योंकि एक का न पहुँचना तो उसके व्यक्तिगत पाप का परिणाम है, पर यदि उसके कारण अन्य भी न पहुँच सके, तो दूसरों को न पहुँचने देने का पाप भी उसके सिर रहेगा।

चट्टी-चट्टी पर इनमें से दो-एक बीमार पड़ते रहते हैं और कहीं-कहीं मर भी जाते हैं। अन्त्येष्टि का काम यात्रियों से माँग-जाँचकर सम्पन्न किया जाता है। साधन न मिलने पर गहरा खड्ड तो स्वाभाविक समाधि है ही।

पैदल चलने वालों में कभी-कभी भ्रमणप्रिय टूरिस्ट भी आते-जाते मिल जाते हैं। वे यात्रियों के अस्त्र-शस्त्र से लैस तो होते ही हैं, उनका पैदा चलना भी मनोविनोद

के लिए ही रहता है, क्योंकि अधिकांश के साथ टट्टू रहते हैं जिन्हें यात्रियों के सुविधानुसार कभी आगे, कभी पीछे चलना पड़ता है। दरिद्र पैदल चलने वालों से न डाँडी वाले बोलते हैं, न ये फैशनेबिल यात्री।

डाँडियों के काफिले में भी मृत्यु अपरिचित नहीं; पर वह कुलियों तक ही सीमित रहती है। कभी किसी कुली को हैजा हो गया, किसी को बुखार आ गया, किसी के गहरी चोट आ गई। बस तुरन्त दूसरा कुली ठीक कर लिया जाता है और यात्रा अविराम चलती रहती है। बीमार कुली भाग्य पर छोड़ दिया जाता है। जीवित रहा, तो जहाँ से चले थे वहीं लौटकर दूसरा यात्री खोज लेता है, मर गया तो फेंक देने की सुविधा का अभाव नहीं। डाँडियों के साथ सामान ढोने वाले कुली भी रहते हैं; पर उन्हें भी डाँडियों के साथ ही दौड़ना पड़ता है।

इन यात्रियों की स्थिति बहुत कुछ ऐसी रहती है, जैसे हमारे यहाँ इक्केवालों की। वह बारह रुपये का टट्टू खरीद लाता है—और उसे रात दिन इस तरह दौड़ाता है कि कम से कम समय में छत्तीस वसूल हो जायँ। थके-टूटे टट्टू के मर जाने पर वह बारह में नया खरीदने के उपरान्त भी लाभ में ही रहता है।

यात्री भी एक रुपया प्रतिदिन देकर कुली को खरीदता है, इसलिए लाभ की दृष्टि से तीन दिन का रास्ता एक दिन में तय करने की इच्छा स्वाभाविक है, अन्यथा वह घाटे में रहेगा।

यात्री तो बैठा-बैठा ऊँघता रहता है; पकवान, सूखे मेवे आदि उसके साथ होते हैं, अतः अधिक थकावट या अधिक भूख का प्रश्न ही नहीं उठता; पर वह कुलियों के विश्राम और भोजन के समय में से घटाता रहता है। सबेरे ही कह देता है कि बीस मील रास्ता तय करना होगा। चाहे जिस तरह चलो; पर शाम तक इतना न चलने पर मजदूरी काट ली जायेगी और वे बेचारे मनुष्य-पशु, हाँफ-हाँफकर मुँह से फिचकुर निकालते हुए दौड़ते हैं।

आश्चर्य तो यह है कि सबल वे ही हैं। यदि उनमें से एक भी भृकुटियाँ टेढ़ी कर अपने सवार की ओर देखकर साभिप्राय इस सैकड़ों फीट गहरे खड्ड की ओर देखने लगे, तो सवार बेहोश हो जायेगा; पर उन्हें क्रोध आवे तो कैसे!

इसी स्वर्ग के हृदय में बसी मृत्यु और पवित्रता के भीतर छिपी व्याधि में से हमें भी मार्ग बनना पड़ा। मैं तो डाँडी में बैठती नहीं, दूसरे भी पैदल ही चले। मनुष्य के भाव के समान संप्रेषणीय और कुछ नहीं है, इसी से हमारे कुली स्नेहशील साथी बन सके और आज उनकी स्मृति को मैं उस तीर्थ का पुण्यफल ही मानती हूँ। उन

दोनों के पास दो टाट के टुकड़े और एक फटी काली कमली थी, जिसे चौड़ाई की ओर से ओढ़ना कठिन था और लम्बाई की ओर से ओढ़ने पर यदि पैर ढक जाते थे, तो सिर का बाहर रहना अनिवार्य था और सिर ढक लेने पर पैरों का बहिष्कार स्वाभाविक हो जाता था।

मलिन, बिना धुले कपड़ों में भी उन दोनों भाइयों का स्वच्छता-विषयक ज्ञान खो नहीं गया था। चट्टी में सबसे दूर अँधेरे कोने खोजकर वे कड़कड़ाते जाड़े में कपड़े दूर रख कौपीनधारी बाबाजी के वेश में भात बनाते-खाते थे। स्वच्छ कपड़ों के अभाव में आचार की समस्या का यह समाधान निमोनिया को निमंत्रण है, यह मैं प्रयत्न करके भी उन्हें समझा न सकी।

बर्तन के नाम से प्रत्येक के पास एक-एक लोहे का तसला था, जिसमें से एक में दाल बन जाती थी, दूसरे में भात। कभी-कभी दाल का खर्च बचाने के लिए वे झरनों के किनारे खोजकर लिगूणा नाम का जंगली शाक तोड़ लाते और उसी के साथ स्वाद ले-लेकर कच्ची-पक्की रोटियाँ खाते थे। मार्ग में आलू के अतिरिक्त कोई हरी तरकारी मिलती नहीं; पर इसे जंगलियों के खाने योग्य विषैली घास समझकर कोई खाने पर राजी नहीं होता था।

एक बार हठपूर्वक शाक का आतिथ्य स्वीकार कर लेने पर उसमें मेरा भी हिस्सा रहने लगा—और फिर तो उसे हमारे व्यंजनों में महत्त्वपूर्ण स्थान मिल गया।

मार्ग में हम सब उनके पीछे चलते थे, अतः शेष शरीर बोझ की ओट में होने के कारण केवल उनके पैर ही मेरे निरीक्षण की सीमा में रहते थे। धनसिंह की पलकें चाहे संकोच से न उठती हों; पर उसके पैर भाई के साथ दृढ़ता से उठते थे। जब कभी चढ़ाई पर उनके पंजों का भार एड़ियों पर पड़ने लगता और आगे रखा हुआ पैर पीछे खिसकता जान पड़ता तब मैं बिना उनका मुख देखे ही थकावट का अनुमान लगा लेती थी। परन्तु 'जंगबहादुर थक गये हो' पूछते ही विचित्र भाषा में वही परिचित उत्तर मिलता 'अस्सा है माँ! कुछ तकलीस नहीं।' अच्छा और तकलीफ के अपभ्रंश रूपों पर यदि हँसी नहीं आती थी, तो स्वर की गम्भीरता के कारण।

जीवन में बहुत छोटी अवस्था से ही मैं माँ का सम्बोधन और उसके उपयुक्त ममता का उपहार पाती रही हूँ; परन्तु उन पर्वत-पुत्रों के माँ सम्बोधन में जो कोमल स्पर्श और ममता की सहज स्वीकृति रहती थी, वह अन्यत्र दुर्लभ रही है।

धनिया तो संकोच के कारण सिर नहीं उठा पाता था; पर जंगिया राह में कई बार घूम-घूमकर हमारी आवश्यकताओं और थकावट का पता लेता रहता था। अन्त

में एक दिन उसने अमूल्य वस्तु माँग बैठने वाले याचक की मुद्रा से कहा—'माँ आप आगे चलता तो अस्सा होता! हम पीछू देखता है, फिर देखता है, बोझा से गरदन नहीं घूमता। आगे रहेगा तो हम सिर ऊँचा करके देख लेगा—वह गया माँ, वह जाता है—और हमारा पाँव जल्दी उठेगा।' तब से हम लोग आगे रहने लगे।

आदि बद्री पहुँचकर धनसिंह चट्टी के एक कोने में जाकर लेट गया और उसे जोर से बुखार चढ़ आया। मैंने अपनी होमियोपैथिक दवाओं के बक्स से कोई दवा खोजकर 'निरस्तपादपे देशे एरण्डोऽपि द्रुमायते' की कहावत चरितार्थ की और भक्तिन चाय का अनुपान प्रस्तुत कर चतुर नर्स के गर्व का अनुभव करने लगी। जंगबहादुर को बैठे देख जब मैंने उसे बीमार के पैर दबाने का आदेश दिया, तब परिचित संकोच के साथ उत्तर मिला—'मैं बड़ा है माँ! वह सरम करता है, कैसा करेगा?'

इस शिष्टाचार की बात सुनकर मुझे विस्मय होना स्वाभाविक था। यहाँ तो एक सम्भ्रान्त परिवार की वृद्धा माता ने बताया था कि उसका लड़का जब तब उस पर हाथ चला बैठता है और मातृत्व की दोहाई देने पर उत्तर मिलता है—'वह जमाना गया, जब तुम सब पैर पुजाती थीं, पैदा किया, तो अपने शौक के लिए किया—क्या इसी कारण हम तुम पर चन्दन-चावल चढ़ाते-चढ़ाते जन्म बिता दें?

जब जन्मदात्री के सम्बन्ध में मनुष्य इतना शिष्ट हो उठा है, तब सहोदरता विषयक शिष्टता की चर्चा करना व्यर्थ होगा।

पर जंगबहादुर का अनुज इतना प्रगतिशील नहीं हो पाया, अतः बड़े भाई से पैर दबवाना उसे शिष्टाचार के विरुद्ध जान पड़े तो आश्चर्य नहीं।

कुली के बीमार पड़ जाने पर यात्री ठहरते नहीं—चट्टी से या निकट के गाँव से दूसरा कुली बुलाकर तुरन्त ही आगे बढ़ जाते हैं। इस नियम के कारण उन दोनों भाइयों के सरल सहज स्नेह का जो परिचय अनायास मिल गया, वह अन्य परिस्थितियों में सुलभ न हो पाता।

जंगबहादुर जानता था कि छोटे भाई की जगह दूसरा कुली ले लेगा; पर वह उसे छोड़कर चला जावे, तो उसकी माँ को क्या उत्तर देगा! धनिया न बीमारी की दशा में लौट सकता था, न चट्टी में अकेले पड़े-पड़े अच्छा हो सकता था। कुछ दिन ठहर जाने पर रुपया समाप्त हो जाना निश्चित था; पर दूसरा बोझ मिलना अनिश्चित! ऐसी स्थिति में उसे छोड़कर बड़ा भाई कर्त्तव्यच्युत हुए बिना नहीं रह सकता। उसने निश्चय कर लिया कि वह सबेरे दो नये कुली बुला लावेगा और स्वयं धनिया की देखभाल के लिये रुक जायेगा।

धनिया ने भाई के मुख से उसका निश्चय न सुनने पर भी सब कुछ जान लिया था। उसे विश्वास था कि उसका भाई उसे छोड़ न सकेगा, अतः उसकी भी मजदूरी चली जायेगी। जो थोड़े-बहुत रुपये मिलेंगे वे भी बीमारी में खर्च हो जायेंगे—तब दूसरे बोझ की प्रतीक्षा करना भी कठिन होगा और लौटना भी। उसने निश्चय किया कि वह जैसे भी बनेगा उठकर बोझ लेकर चलेगा।

सबेरे झरने से हाथ-मुँह धोकर लौटने पर मैंने चट्टी के नीचे वाले खंड में जंगबहादुर को दो नये कुलियों के साथ प्रतीक्षा करते पाया और ऊपर धनसिंह को कपड़े की पट्टी से सिर कसकर बोझा सम्भालते देखा। 'क्या तुम अच्छे हो गये' सुनकर उसने थकावट से उत्पन्न पसीने की बूँदें पोंछते हुए बताया कि वह चल सकेगा। उसके न जाने से भाई का भी नुकसान होगा।

उन दोनों चचेरे भाइयों के स्नेह-भाव ने कुछ क्षण के लिए मुझे मूक कर दिया। मैं दो-तीन दिन वहाँ ठहरकर उन्हीं के साथ यात्रा आरम्भ करूँगी, यह सुनकर उनके मुखों पर विस्मय का भाव उदय हो आया, उसे देखकर ग्लानि भी हुई और खिन्नता भी। मनुष्य ने मनुष्य के प्रति अपने दुर्व्यवहार को इतना स्वाभाविक बना लिया है कि उसका अभाव विस्मय उत्पन्न करता है और उपस्थिति साधारण लगती है।

धनसिंह तीसरे दिन अच्छा हो गया और चौथे दिन हम फिर चले।

उन दोनों के पारस्परिक व्यवहार, सौहार्द आदि ने मेरे मन में उनके प्रति जो ममतामय आदर का भाव उत्पन्न कर दिया था, वह उत्तरोत्तर बढ़ता ही गया। मेरी कुछ किताबें, दवा का बक्स, बर्तन आदि वस्तुएँ भारी थीं, अतः उनमें से प्रत्येक उन्हें अपने बोझ में बाँधकर दूसरे का भार हल्का कर देना चाहता था।

सबेरे एक-दूसरे से पहले उठने का प्रयत्न करता था, जिससे सब भारी चीजें अपने बोझ में बाँधने का अवसर पा सके। एक बताशा देने पर भी एक भाई दूसरे की खोज में दौड़ पड़ता था। कोई देखने योग्य वस्तु सामने आते ही एक-दूसरे को पुकारने लगता था। वे दोनों ऐसे दो बालकों के समान थे, जिन्हें किसी ने जादू की छड़ी से छूकर इतना बड़ा कर दिया हो।

मार्ग के अन्य कुलियों के प्रति भी उनके व्यवहार में संवेदनशीलता और सहानुभूति ही रहती थी; एक बार पहाड़ से उतरती हुई गाय इतने वेग से मार्ग तक फिसलती चली आई कि उसके खुर की चोट से एक कुली का पाँव घायल हो गया। धनसिंह को सामान सौंपने के उपरान्त जंगबहादुर उस लहूलुहान पैर वाले कुली को पीठ पर लादकर झरने तक ले गया और हमारे मरहम-पट्टी कर चुकने पर उसे डेढ़

मील दूर अगली चट्टी पहुँचाया। इतना ही नहीं, उसे अपना और उसका बोझ भी लाना पड़ा और अँधेरे में ठिठुरते हुए, अपने फटे कपड़ों में लगे रक्त के दाग भी साफ करने पड़े। पर प्रश्न करने वाला उससे एक ही उत्तर पा सकता था—'कुछ तकलीस नहीं, अस्सा है।'

धनसिंह संकोची होने के कारण बातचीत कम करता था; पर जंगबहादुर जब-तब बैठकर अपने माता-पिता, गाँव-घर आदि की कहीं दुखद, कहीं सुखद कथा कहता रहता।

वह नेपाल के छोटे ग्राम में रहने वाले माता-पिता का अन्तिम पुत्र है—जीविका का अन्य साधन न होने के कारण वह बचपन से ही अन्य कुली साथियों के साथ इस ओर आने लगा। गर्मियों के आरम्भ में वे आते और शरद के आरम्भ में लौट जाते हैं। किसी को मजदूरी के सिलसिले में कैलास, किसी को पिण्डारी और किसी को बदरी-केदार की यात्रा करनी पड़ती है। ठेकेदार के पास सबके नाम और नम्बर रहते हैं। यदि कोई कुली लौटकर नहीं आता और समाचार भी नहीं मिलता, तो वह मरा समझ लिया जाता है। इसी प्रकार जब कोई सीजन के अन्त में घर नहीं लौटता और न साथियों के द्वारा कोई समाचार भेजता है, तब घर-वाले भी उसे महायात्रा का यात्री मानकर क्रिया-कर्म द्वारा उसका पथ सुगम बनाने का प्रयत्न करते हैं।

जंगबहादुर अनेक बार आपत्तियों में पड़ चुका है, क्योंकि वह अधिक कमाने की इच्छा से दूर-दूर की यात्राएँ ही नहीं करता, एक सीजन में कई-कई यात्राएँ कर डालता है। उसके अनिश्चित जीवन के कारण ही विवाह योग्य कन्याओं के पिता उसे जामाता होने के उपयुक्त नहीं मानते थे; परन्तु दो वर्ष पहले उसे अविवाहित रहने के शाप से मुक्ति मिल चुकी है। वयस्क वधू के माता-पिता थे ही नहीं। सम्बन्धियों ने सोचा-चाहे वर किसी पर्वत-शिखर पर हिम-समाधि ले ले, चाहे धन-कुबेर बनकर लौटे, कन्या रहेगी तो ससुराल ही में, अतः बेचारे अभिभावक तो कर्त्तव्यमुक्त हो सकेंगे।

पिछले वर्ष जंगबहादुर मजदूरी के लिए आया ही नहीं था, इस वर्ष खेत में कुछ हुआ नहीं और पत्नी ने पुत्र-रत्न उपहार दे डाला। अब तो कुछ-न-कुछ कमाने का प्रश्न उग्र हो उठा।

जब वह घर से चला तब उसका पुत्र दो मास का हो चुका था; पर वह इतना दुर्बल और छोटा था कि पिता उसे गोद में लेने का साहस नहीं कर सका। अब वह खाने-पीने से बची हुई मजदूरी घर ले जाने के लिए जमा कर रहा है और जो कुछ

इनाम में मिल जाता है, उससे पुत्र के लिए एक टोपी और कुरता बनाने की इच्छा रखता है। युवती पत्नी ने बार-बार आँखें पोंछते-पोंछते, फटा आँचल फैला-फैलाकर विनती की थी कि भले आदमी के साथ जाना और बोझा लेकर एक बार से अधिक मत चढ़ाई करना। पिता ने पीठ पर हाथ रखकर और आकाश की ओर धुँधली आँख उठाकर मानो उसे परमात्मा को सौंप दिया था। और माँ तो गाँव की सीमा के बाहर तक रोती-रोती चली आई थी। बड़ी कठिनाई से अनेक आश्वासन देने पर भी वह लौटी नहीं, वरन् वहीं एक जरा-जीर्ण पेड़ का सहारा लेकर दृष्टिपथ से बाहर जाते पुत्र को आँसुओं के तार से बाँध लेने का निष्फल प्रयत्न करती रही। विदा का यह क्रम तो सनातन था; पर इस वर्ष उस अनुष्ठान में भाग लेने के लिए विकल पत्नी और मौन पुत्र और बढ़ गये थे। जंगबहादुर को परम समर्थ जानकर उसकी विधवा काकी ने भी अपना पुत्र उसे सौंप दिया था, इसी से अब वह ऐसे ही यात्री की खोज में रहता है, जो उन दोनों को साथ ले चले।

बदरीनाथ की ओर मेरी यह दूसरी यात्रा थी; इसी से मैंने कम से कम समय में, प्रशान्त अलकनन्दा के तट पर बसी उस अलकापुरी में पहुँच जाने के लिए केदार का पथ छोड़ देना ठीक समझा। पर, जब वहाँ से लौटकर रुद्र-प्रयाग पहुँचे, जो उत्ताल तरंगों में ताण्डव करती हुई अलकनन्दा के किनारे, तूफान में क्षण भर को ठहरे हुए फूल का स्मरण दिलाता था, तब केदार न जाने का पश्चात्ताप गहरा हो गया।

जिन्होंने, पाँच जल की धाराओं से घिरा और रंग-बिरंगे फूलों में छिपे चरणों से लेकर शून्य नीलिमा में प्रकट मस्तक तक सफेद हिम में समाधिस्थ केदार का पर्वत देखा है वे ही उसका आकर्षण जान सकते हैं। मीलों दूर से ही वह उज्ज्वल शिखर अक्षरहीन आमंत्रण के समान खुला दिखाई देता है। जैसे-जैसे हम उसकी ओर बढ़ते हैं, वह विस्तार में बढ़ता जाता है और उसकी रजत-विद्युत रेखाओं के समान झिलमिलाती हुई रेखाएँ स्पष्टतर होती जाती हैं। लौटते समय जिस क्षण वह हमारी दृष्टि से ओझल हो जाता है, उस समय हम एक विचित्र अकेलेपन का अनुभव करते हैं।

रुद्रप्रयाग पहुँचकर कुछ साथी इतने थक गये थे कि इतनी लम्बी चढ़ाई के लिए साहस न बाँध सके। वास्तव में बदरीनाथ के पर्वत-शिखर से केदार का शिखर केवल ढाई कोस के अन्तर पर स्थित है; पर वहाँ तक पहुँचने में नौ दिन का समय लगता है। 'नौ दिन चले अढ़ाई कोस' की कहावत के मूल में सम्भवतः यही सत्य है।

जब मैंने वहाँ जाने का निश्चय कर लिया, तब विशेष थके साथी रुद्र-प्रयाग में हमारी प्रतीक्षा और विश्राम करके 'एक पंथ दो काज' को चरितार्थ करने के लिए

प्रस्तुत हो गये। जाने वालों के सामान के लिए एक कुली पर्याप्त था, अतः दूसरे कुली की समस्या का समाधान आवश्यक हो उठा। मेरी व्यक्तिगत इच्छा थी कि दूसरा कुली भी यात्रियों के साथ विश्राम करे और अट्ठारह दिन के उपरान्त हमारे लौटने पर साथ चले।

पर जंगबहादुर माँ जी का अट्ठारह रुपया मुफ्त कैसे ले ले? उसने बहुत संकोच और वरदान-याचक की मुद्रा से जो कहा उसका आशय था कि वह माँ जी को जान गया है, अतः विश्वासपूर्वक धनसिंह को छोड़कर जा सकता है। यहाँ से श्रीनगर पहुँचकर वह नये यात्री की खोज भी करेगा और दूसरे भाई की प्रतीक्षा भी। सबके लौट आने पर वह धनिया के साथ यात्रा करेगा।

जंगवीर के स्वार्थत्याग पर कोई काव्य चाहे न लिखा जावे; पर मेरे हृदय में उसकी स्मृति एक कोमल मधुर कविता है। जब मैंने जंगवीर को अपने साथ चलने का आदेश दिया और धनसिंह को रुद्रप्रयाग में विश्राम का, तब उसकी आँखें अधिक सजल हो आईं या कण्ठ अधिक गद्‌गद हो उठा, यह बताना कठिन है। उसने बहुत साहस से लौट जाने का प्रस्ताव किया था; पर हम सबका विछोह सहना उसके लिए कठिन था। कई दिन बाद उसने अपनी अटपटी भाषा में बताया था, 'हम हियाँ सरम में, अदब से नहीं रोया, फिर दूर जाकर बहुत जोर से रोया—सोचा माँ जी जाता है और हमारे भीतर कैसा-कैसा तो होने लगा।'

वह यात्रा भी समाप्त हो गई और तब एक दिन हम सबको बस पर बैठाकर वे दोनों भाई खोये-से खड़े रह गये। जंगवीर ने आँसू रोकने का प्रयास करते-करते कहा—'माँ जी जीता रहना फिर आना, जंगिया का नाम चीठी भेजना।' धनिया सदा के समान पृथ्वी पर दृष्टि गड़ाये, बीच-बीच में टपकते आँसुओं की भाषा में विदा दे रहा था। आज वे दोनों पर्वत-पुत्र कहाँ होंगे, सो तो मैं बता ही नहीं सकती; पर उनकी माँ जी होकर मुझे जो सम्मान मिला, वह भी बताना सहज नहीं।

□□

चार

पहले-पहले अरैल के भग्नावशेष में एक पक्की, पर टूटी-फूटी इमारत देखकर मैंने उसकी दरकी और प्लास्टर रहित दीवार पर कण्डे थापने में तन्मय एक स्त्री से पूछा—'यह किसका घर है?'

जिससे प्रश्न किया गया था, उसने अपने खरखरे स्वर को और अधिक रूखा बनाकर उत्तर दिया—'तोहका का करै का है! शहराती मेहरारुन के काम-काज नाहिन बा जौन हियाँ-उहाँ गस्ता घूमै चल देती हैं?'

दुबरी की बहू अपने कर्कशापन के लिए प्रसिद्ध है। बिखरे हुए बालों की रूखी और मैली-कुचैली लटों में से एक-दो उसके पपड़ी पड़े हुए ओठों पर चिपकी रहती हैं। पक्के रंग का श्याम शरीर धूल के अनेक आवरणों में छिपकर इतना धूसरित हो उठता है कि मटमैली धोती उसका एक अंग ही जान पड़ती है। गोबररूपी मेंहदी से नित्य रञ्जित हाथों की प्रत्येक उँगली युद्ध के अनेक रहस्यमय संकेत छिपाये रहती है। उसकी मित्रता का मूल तत्त्व 'करु परितोष मोर संग्रामा' में छिपा रहता है, क्योंकि बिना वाग्युद्ध में पराजित हुए वह किसी से बोलने में भी हीनता समझती है। यदि कोई उसकी युद्ध की चुनौती अस्वीकार कर दे, तब तो वह उसकी दृष्टि में मित्रता के योग्य ही नहीं रहता।

मैं तब उसके स्वभाव के सम्बन्ध में यह महत्त्वपूर्ण इतिवृत्त नहीं जानती थी। इसके अतिरिक्त मैं ऐसी अभ्यर्थना के लिए भी अनभ्यस्त नहीं, क्योंकि दरिद्र और

असंख्य अभावों से भरे ग्रामों में ऐसे चिड़चिड़े स्वभाव की स्थिति स्वाभाविक ही रहती है। फिर अरैल तो जरायमपेशों का घर माना जाता है। वहाँ शिष्टता और सरल सौजन्य की आशा लेकर जाने वाले कम हैं। मैं जानती थी, उस पर कड़े उत्तर का प्रभाव वही होगा, जो लोहे के बाण का पत्थर के लक्ष्य पर सम्भव है। इसी से संधि के प्रस्ताव जैसा उत्तर सोचने में कुछ क्षण लगे।

पर भक्तिन तो ऐसा उत्तर पाकर चुप हो जाने को, युद्ध में पीठ दिखाने के समान निन्द्य समझती है, अतः उसने तुरन्त ही कहा—'शहर माँ शोर परा है कि ई गाँव का मलका कण्डा बिनती हैं, गोबर पथती हैं, तौन उनही के दरसन बरे दौरत आइत है। अउर का।'

इस तिक्त उत्तर से जो वाग्विस्फोट होता है, मानो उसी को रोकने के लिए दूसरे टीले पर बने छोटे मन्दिर के निकटवर्ती कच्चे घर के घर से एक मझोले कद की दुबली-पतली स्त्री निकल आई। किसी दिन लाल चुनरी का नाम पाने वाली; पर अब खपरैल के रंग से स्पर्द्धा करने वाली धोती का घूँघट भौंहों तक खींचकर उसने सलज्ज भाव से मन्द मधुर और अभ्यर्थना भरे स्वर में कहा—'का पूछत रही माँ जी! का सहर से अरैल देखै आई हैं?'

अभ्यर्थना के दो भिन्न छोरों के बीच में मेरी स्थिति कुछ विचित्र-सी हो गई। जैसे एक ओर खींचकर छोड़ा हुआ पेण्डुलम उतने ही वेग से दूसरी ओर जा टकराता है, वैसे ही दुबरी की बहू की अभ्यर्थना ने मुझे मुन्नू की माई के लिपे-पुते चबूतरे पर पहुँचा दिया।

मुन्नू की माई को सुन्दरी कहना असत्य है और कुरूप कहना कठिन। वास्तव में उसका सौन्दर्य रेखाओं में न रहकर भाव में स्थिति रखता है, इसी से दृष्टि उसे नहीं खोज पाती; पर हृदय उसे अनायास ही अनुभव कर लेता है। साधारण साँवले रंग और विवर्ण गालों के कारण कुछ लम्बे जान पड़ने वाले मुख में कोई विशेषता नहीं। नाक का नुकीलापन यदि बुद्धि को तीक्ष्णता का पता न देता तो उसका छोटापन मूर्खता का परिचायक बन जाता। आँखें न बड़ी न छोटी; पर एक विचित्र आभा से उदीप्त। पतले ओठ छोटे सफेद दाँतों की झाँकी में अकारण प्रसन्नता व्यक्त करते हैं; पर उनके बन्द होते ही उन पर एक नामहीन विषाद की छाया आ जाती है। हाथ-पैर छोटे-छोटे; पर मुख के विपरीत कठोर हैं। शरीर में लचीलेपन के साथ ही बाण के समान एक सीधापन है, जिसे वह सिर झुकाकर कुछ-कुछ छिपा लेती है।

बेवाइयों से भरे छोटे पैरों में काँसे के कड़े घिसते-घिसते चपटे और तंग हो गये

हैं, अतः बचपन से अब तक बदले न जाने की घोषणा करते हैं। कड़ी उँगलियों वाले हाथों की चपेटी कलाई को घेरने वाली मैल भरी घिसी चूड़ियाँ ऐसी जान पड़ती हैं, मानो हाथ के साथ ही उत्पन्न हुई हैं।

ग्राम की सम्भ्रान्त कुलवधुओं के समान ही मुन्नू की माई मधुर-भाषिणी, सलज्ज और सेवा-परायण है; पर उस विजन में उसका जीवन जंगली फूल के समान ही उपेक्षा और अपरिचय के बीच में खिला है।

मुन्नू की माई के कारण ही मैं अरैल में रहने वाली दूर-देशिनी वृद्धा और उसके बूढ़े भाई से परिचित हो सकी जो आज मेरे परिवार के व्यक्ति हो रहे हैं। उसी ने पटेल बाबा के टूटे-फूटे चौपाल को लीप-पोत कर इतना सुन्दर बना दिया कि आज वह बिना द्वार-कपाट का कच्चा घर मेरे लिए सौ बंगलों से अधिक मूल्यवान हो उठा है। आज भी वह उस खण्डहर के शेष उच्छ्वास के समान इधर-उधर दौड़ती रहती है।

बालक मुन्नू को देखकर जान पड़ता है कि उसकी माँ ने अपने किसी मिटते हुए स्वप्न का एक खण्ड अंचल में छिपाकर बचा लिया है। गोल-मटोल मुख, गोलाकार आँखें, गोलाकृति नाक, सब मिलाकर उसे एक विचित्र आकर्षण दे देते हैं। उसका पाँच वर्ष का जीवन उसकी बुद्धि और उत्तर देने की कुशलता से मेल नहीं खाता; पर भविष्य में इस विशेषता को अपने विकास के लिए अपराध के अतिरिक्त और क्षेत्र मिलना कठिन होगा, यह सोचकर हृदय व्यथा से भर आता है।

दरिद्रता ने साधारण कपड़ों को भी दुर्लभ पदार्थों की सूची में रख दिया है। माँ कभी पुराने और कभी सस्ते मोटे कपड़े का लम्बा और बेडौल कुरता उलटी-सीधी खोपें भर कर सी देती है और उसे मैला न करने के सम्बन्ध में इतना उपदेश देती रहती है कि बालक कुरते को शरीर से अधिक मूल्यवान समझने लगा है। चाहे आँधी-पानी हो, चाहे लू-धूप हो, वह सदा कुरते को उतारकर सुरक्षित स्थान में रखने के उपरान्त ही साथियों के साथ खेलता है। और जब खेल-कूद समाप्त होने पर बगल में कुरता दबाये हुए वह नंग-धड़ग घर लौटता है, तब उसे देखकर भ्रम होता है कि वह यमुना की काली मिट्टी से बना ऐसा पुतला है, जो मंत्रबल से चलने लगा।

इन दोनों प्राणियों के अतिरिक्त उस घर में दो जीव और हैं—मुन्नू का पिता और बूढ़ा आजा।

मुन्नू का बाप मझोले कद, गेहुएँ रंग और छरहरे शरीर का आदमी है। छोटे-छोटे बाल उसके सिर पर खड़े ही रहते हैं। आँखों के चारों ओर स्याह घेरे और गालों पर झाईं है, जिसके साथ मुँहासे 'कोढ़ में खाज' की कहावत चरितार्थ करते हैं।

मुख की गठन में क्या विशेष बेडौल है, यह बताना कठिन है; पर देखने में सब कुछ बेडौल लगता है। उसके मुख पर वह सौम्यता नहीं, जो सुन्दर भावों की छाया है।

सबेरे उठकर वह टीले के एक ओर लगे पीपल के नीचे बैठता है और तम्बाकू पीने और तीतर चुगाने के काम साथ-साथ करता है। फिर दस बजे अपनी अँधेरी कोठरी के जालों से ढके हुए आले में से सरसों के तेल की कुप्पी उठा लाता है और अपने शरीर की मालिश करता है। इसके उपरान्त यमुना में स्नान का प्रोग्राम भी कुछ कम लम्बा नहीं। लौटने पर जो चना-चबेना मिल सका, उसे डाँट-फटकार का मूल्य देकर स्वीकार कर लेता है। फिर कभी पत्नी की खुशामद, कभी बूढ़े पिता की चिरौरी करके यदि कुछ पैसे पा सका, तो उन्हें अंटी में छिपाकर अन्यथा बिना पैसे ही जुआरी मित्रों की खोज में निकलता है।

उसका अधिक रात गये लौटना व्यवसाय में लाभ की सूचना है और साँझ होते ही घर पहुँचना हानि की घोषणा। पहली स्थिति में वह भोजन की चिन्ता नहीं करता; परन्तु दूसरी में परम उपकारक की मुद्रा के साथ रूखा-सुखा खाकर टूटी खरहरी खटिया पर लेटते ही वह एक करवट में सबेरा कर देता है। काल-यापन का यह क्रम सनातन है। उसकी माँ बचपन ही में कर्त्तव्य से मुक्ति पा चुकी थी; पर बाप ने उसे हाथों-हाथ रखकर पाला है, इसका प्रमाण उसका हथई नाम है।

पिता के दुलार ने उसे बड़ा करने के साथ-साथ उसकी दुर्बुद्धि को भी बड़ा कर दिया, इसमें भाग्य का ही दोष समझना चाहिए।

अन्त में अपने कर्म-विपाक के अभिशाप को अकेले भोगना कायरता समझ कर वह एक सीधी, मेहनती और अनाथ बहू भी खोज लाया।

बूढ़ा ब्राह्मण-कुल-भूषण है और 'बाभन को धन केवल भिच्छा' में विश्वास न रखने वाले को कलिकाल का नास्तिक मानता है। वह सबेरे ही लोटा और एक फटा मैला अंगौछा लेकर संगम के सामने यमुना किनारे जा बैठता है और आने-जाने वाले पुण्य अहेरियों से अपनी करुण-कथा कुछ हकलाते कण्ठ से, कुछ काँपते हाथों से और कुछ झुर्रियों के फ्रेम में जड़ी भाव-भंगिमा द्वारा कहता रहता है।

सुनने वालों को अपनी ही दयनीय कथा से फुर्सत नहीं, इसी से वे कथा न सुनकर उसका संक्षिप्त भावार्थ समझ लेते हैं। जैसे तिथि-पर्वों में कथा-वाचक के कथा कह चुकने पर श्रोता हाथ में रखे हुए अक्षत-फूल फेंक देता है वैसे ही वे, धर्म खरीदने के लिए लाये हुए, सस्ते अन्न में से कभी एक मुट्ठी चावल, कभी चने, कभी जौ,

बूढ़े के सामने बिछे हुए अँगौछे पर बिखेर कर राह नापते हैं। कोई साहसी पाई डाल जाता है, कोई जल्दबाज धोखे में पैसा फेंककर चल देता है। इन सबकी भाग-दौड़ देखकर लगता है कि इन्हें ठीक संगम में, अतल गहराई की सीमा-रेखा पर अनेक डुबकियाँ लगाने पर भी पाप के डूब जाने का विश्वास नहीं। उलटे वे विभ्रान्त भाव से जानते हैं कि वह उन्हीं के पीछे-पीछे दौड़ता आ रहा है और रुकते ही फिर उनकी शिखा पर आसीन हुए बिना न रहेगा। बीच-बीच में यह दान-लीला भीं मानो उसी अजर-अमर और निरन्तर संगी को दूसरी ओर बहका देने का प्रयास मात्र है। यह बहकाना भी 'लग जाय तो तीर नहीं तो तुक्का', तो है ही। किसे देते हैं, क्या देते हैं, किस प्रकार देते हैं आदि-आदि प्रश्नों को उठने का अवकाश न देने के लिए वे दृष्टि-संयम पर ध्यान को केन्द्रित करना चाहते हैं। माला के मनकों में उलझी हुई उँगलियाँ और समझ में न आने वाले मन्त्रों के साथ व्यायाम करने वाले ओठ और रसना भी इसी लक्ष्य की पूर्ति करते हैं।

इस महान् अभिनय का उपेक्षित; पर प्रधान दर्शक बूढ़ा एक बजे कमाई गठियाकर अपने बिल-जैसे घर में लौट आता है। भिक्षा में मिले हुए अन्न-सम्मिश्रण को कभी बहू वैसे ही उबाल देती है और कभी चावल, दाल, चने, जौ आदि को बीन-बीनकर अलग करने के उपरान्त दाल-भात जैसे दुर्लभ व्यंजन का प्रबन्ध करती है।

प्रायः यह अन्न इतने प्राणियों के लिए पर्याप्त नहीं होता, इसी से मुन्नू की माई दूसरों के खेत, खलिहान, घर आदि में कुछ-न-कुछ करने चली जाती है। काम की मजदूरी पैसों के रूप में न मिलकर अनाज के रूप में ही प्राप्त होती है और उसे लेकर जब सन्ध्या समय वह भारी पैरों और दुखते हुए हाथों के साथ घर लौटती है, तब गृहिणी के कर्त्तव्य का भार सँभालना अनिवार्य हो उठता है।

पुराना घड़ा और किसी सुख-स्मृति के अन्तिम चिह्न जैसी ताँबे की चमकती हुई कलशी लेकर वह यमुना से पानी लेने जाती है। तब चूल्हे के ऊपर दीवाल में बने आले में से मिट्टी का दिया उठाती है और उसमें पड़ी हुई पुराने कपड़े की अधजली बत्ती का गुल झाड़कर, उसे कहीं से माँग-जाँच कर लाये हुए रेंडी के तेल से स्निग्ध कर जलाती है। फिर चूल्हा जलाया जाता है। पगडंडी और खेतों के आस-पास पड़े हुए गोबर के कण्डे पाथकर और इधर-उधर से सूखी टहनियाँ बीन-बटोर कर ईंधन की समस्या सुलझाती रहती है।

बाजरा, ज्वार जैसा अनाज मिलने पर वह अदहन में दाल छोड़कर अँधेरे कोने में गड़ी हुई, घिसी-घिसाई और बाँस के हत्थेवाली चक्की चलाने बैठती है। बीच-बीच

में उठकर उसे कभी चूल्हे का ईंधन ठीक करना, कभी ससुर के लिए चिलम भरना, कभी मुन्नू को चबेना आदि देकर बहलाना पड़ता है। उसकी स्थिति में 'रोज कुआँ खोदना, रोज पानी पीना' ही प्रधान है, इसी से उसकी गृहस्थी का रूप बनजारों की चलती-फिरती गृहस्थी के समान हो गया है; पर अपनी अनिश्चित आजीविका को भी वह अपनी कुशलता से कष्टकर नहीं बनने देती।

कभी सब कुछ मिल जाने पर घर में नमक नहीं निकला, बस वह मुन्नू को द्वार पर बैठाकर गाँव के बनिये के यहाँ दौड़ गई। कभी कण्डों के धुएँ से दम घुटने लगा और वह आधी सेंकी हुई रोटी को जलने के भय से चूल्हे के एक ओर टिकाकर पास के खेत से सूखा रेंड या करबी ले आई। कभी ससुर खाते-खाते मिर्च माँग बैठते और वह टूटी-फूटी पर क्रम से रखी हुई मटकियों से भरे कोने में जा पहुँचती। सारांश यह कि कब, क्या, कैसे आदि प्रश्नों पर वह कभी विचार नहीं करती; पर किसी प्रकार की भी आकस्मिकता के लिए प्रस्तुत रहना उसका स्वभाव है।

उसके परिश्रम ने उस घर के प्राणियों का भूखा सोना तो सम्भव ही नहीं रहने दिया; उस पर उन सबको जब-तब विशेष भोजन भी प्राप्त हो जाता है। कभी किसी पड़ोसी के यहाँ मट्ठा फेरकर एक लोटा मट्ठा ले आई और चना-मटर पीसकर कढ़ी का प्रबन्ध कर दिया। कभी किसी ईख के खेत में काम करके रस या औटते हुए रस के ऊपर से उतारा हुआ मैल ही मिल गया और उसमें मोटे लाल चावल डालकर मीठा भात राँध लिया। कभी हाट में जाने वाली काछिन का कुछ बोझ ही वहाँ तक पहुँचा दिया और बदले में मिली हुई शाक-भाजी से दाल की एकरसता दूर कर दी। इस प्रकार उसके गृह-प्रबन्ध में, शतरंज की चालों में आवश्यक बुद्धि की आवश्यकता रहती है। एक स्थान में चूकने पर उसका परिणाम सारी व्यवस्था को अस्त-व्यस्त कर सकता है।

ससुर को बात, कफ का रोग घेरे रहता है। इसके अतिरिक्त वृद्धावस्था स्वयं भी एक व्याधि है। वह तीस दिन में दस-बारह दिन भिक्षाटन के कर्त्तव्य में असमर्थ रहता है। शेष दिनों में भी कभी-कभी ऐसे कार्य आ पड़ते हैं जो दूसरों की दृष्टि में निरर्थक होने पर भी उसके लिए परम महत्त्वपूर्ण हैं। कभी कोई पुराना मित्र खाँसता-खखारता हुआ, तम्बाकू का दम लगाने आ पहुँचता है, तो जब तक अपनी ही नहीं, मँगनी की तम्बाकू भी समाप्त नहीं हो जाती, तब तक उठने की चर्चा भी अशिष्टता की पराकाष्ठा समझी जाती है। कभी वृद्ध को किसी पुरातन सहयोगी की सुधि इस तरह व्याकुल कर देती है कि वह सिरहाने सँभाल कर धरी; पर फटी हुई मिर्जई पहनकर, तम्बाकू और चुनौटी से भरे-पूरे बटुए को कमर में खोंसकर लठिया के

सहारे गाँव की ओर चल देता है। कभी उसे आस-पास रहनेवाला कोई भला आदमी श्रोता मिल जाता है, तो उसे अपने अच्छे दिनों का इतिहास न सुनाना अपने सफेद बालों की निरर्थकता की घोषणा है। इस प्रकार के कर्त्तव्य असंख्य हैं और रहेंगे भी।

बहू ने जब से उसका आजीविका सम्बन्धी कार्यभार बाँट लिया है तब से वह और भी निश्चिन्तता के साथ टूटी खटिया पर लेटकर बहू को सेवापरायणा होने का महत्त्व समझाता रहता है। 'अपनी करनी अपनी भरनी' पर अटल विश्वास होने के कारण वह लड़के को कुछ न कहकर बहू को सती और सुगृहिणी बनकर स्वर्गलोक में राजरानी होने का उपदेश देता रहता है।

बूढ़े के विचार में जीना दो दिन का है; पर मरने की कोई सीमा नहीं। यदि दो दिन मिट्टी के बिल-जैसे घर में रहकर, किसी चक्की में चना-जौ पीसकर और रेंड के धुएँ से धुँआई रोटी ससुर और उसके निठल्ले लड़के को खिलाकर, वह मरने के उपरान्त स्वर्ग की रानी होने का अधिकार प्राप्त कर लेती है, तो वही लाभ में रही। दो दिन का कष्ट और उसके बदले में अनन्त काल के लिए स्वर्ग-सुख! भला कौन भकुआ ऐसा होगा, जो इस सौदे को सस्ता न समझे। संसार में असंख्य व्यक्तियों की पैनी दृष्टि इस परोक्ष सौदे में छिपे सूक्ष्म लाभ को प्रत्यक्ष देख लेती है, इसी से जान पड़ता है कि संसार में मूर्खों की संख्या बहुत कम है।

बूढ़े को अपनी बुद्धि पर कम गर्व नहीं। नालायक लड़के से लायक बहू का गठबन्धन कर उसने प्रमाणित कर दिया है कि वह बूढ़े विधाता के जोड़ का ही खिलाड़ी है, रत्ती-माशा भर भी बुद्धि में कम नहीं! यदि होता, तो विधाता महाराज उसे बुढ़ौती में बलात् संन्यास ग्रहण करने के लिए बाध्य कर डालते। अब वह केवल उसी की बुद्धि का प्रताप है कि वह उनके फैलाये जाल से निकलकर मुन्नू का आजा बनकर बहू के हाथ की ही नहीं, उसके परिश्रम से अर्जित अन्न की रोटी खाता और खरहरी साढ़े तीन पाये की खटिया पर सगर्व आसीन होकर तम्बाकू पीता है।

जिस लड़के का पुरुषार्थ ऐसी परिश्रमी और सुशील वधू खरीद लाया है, उसे नालायक मानना भी घोर अन्याय है। स्त्री की प्राप्ति और सन्तान की सृष्टि ही पुरुष की लियाकत का लक्ष्य है। इस लक्ष्य तक पहुँच जाने वाला पुरुष और अधिक योग्यता का बोझ व्यर्थ ही क्यों ढोता फिरे। अतः शुद्ध उपयोगितावाद की दृष्टि से भी हथई का निष्कर्म जीवन व्यर्थ नहीं। उसके पिता ने अपनी बुद्धिमत्ता से अपने तथा पुत्र के जीवन की अच्छी व्यवस्था करके ब्रह्मा के अंक भी मिटा दिये हैं। अब वे अपना मृत्यु-रूपी ब्रह्मास्त्र न चलायें, तो वह पौत्र के जीवन की व्यवस्था भी कर सकता है और

लायक पौत्र-वधू के हाथ की रोटी खाकर सवर्ग स्वर्ग के लिए प्रस्थान कर सकता है।

इस परम योग्य वृद्ध की वधू का जीवनवृत्त भी विचित्र है। उसने रीवा के आसपास के किसी गाँव के एक निर्धन कथावाचक के घर जन्म लिया था। माँ उसकी बचपन में ही दिवंगत हो गई; पर बाप ने सत्यनारायण की पोथी के साथ-साथ उसे भी सँभाला। एक बगल में लाल कपड़े में लिपटी पोथी और दूसरे में टूनी रंग की फरिया-ओढ़नी में सजी हुई बालिका को दबाये हुए वह दूर-दूर के गाँवों तक कथा बाँचने के लिए चला जाता।

बालिका को कोने में प्रतिष्ठित कर वह शुद्ध-अशुद्ध संस्कृत शब्दों को जोर-जोर से पढ़कर पांडित्य प्रदर्शन करने बैठता; पर बीच-बीच में सबकी आँख बचाकर नवग्रह पर चढ़े पैसों और कोने में अचल बैठकर ऊँघती हुई लड़की की ओर देखना नहीं भूलता। फटी और मैली पिछौरी में पँजीरी गठिया कर और कुल्हड़ में पंचामृत लेकर वह कभी-कभी रात होने पर घर लौट पाता।

प्रसाद यही अधिक होता तो दोनों वही खाकर भोजन के झंझट से मुक्ति पाते, अन्यथा बालिका पँजीरी फाँककर और पंचामृत पीकर सो रहती और बाप भूखा ही लेट जाता।

निर्धन और मातृहीन बालिकाओं को बड़े होते देर नहीं लगती, क्योंकि आवश्यकता और स्वभाव दोनों मिलकर समय की कमी पूरी करके उन्हें असमय ही विशेष समझदार बना देते हैं। बूटा भी छः वर्ष की अवस्था से ही छोटे-छोटे काम करने लगी थी, पर सातवें वर्ष से तो वह बाप की गृहस्थी ही सँभालने लगी।

बड़े लोटे में पानी ला-लाकर वह छोटी कलसी भर देती, नीचे पड़ी हुई सूखी टहनियाँ और सूखा गोबर बीन लाती तथा गीला आटा सानकर जली रोटियाँ सेंक लेती।

इन सब कामों में उसे कष्ट नहीं होता था, यह कहना मिथ्या होगा; पर बाप को सहायता पहुँचाने का सुख, दुःख से गुरु ठहरता था। कभी नीची-ऊँची टहनियाँ तोड़ने के प्रयास में घुटने छिल जाते, कभी पानी लाते समय ठोकर लगने से नाखून टूट जाते और कभी रोटी सेंकने में उँगलियाँ जल जातीं। रोने की प्रबल इच्छा रोककर वह चुपके से चोट पर कड़ुआ तेल लगा लेती और जली उँगली पर गीला आटा लपेटकर ठंडक पहुँचाती।

बाप तो मानो सातवें आसमान पर पहुँच गया था। उसकी बुटिया घर-गृहस्थी सँभालने योग्य हो गई, इससे बढ़कर गर्व की बात और हो भी क्या सकती थी! जब

वह कथा बाँचने जाता, तब उसके लम्बे-लम्बे डगों से पीछे न रहने के लिए अपने नन्हें पैरों को जल्दी-जल्दी धरती हुई बुटिया बाप का साथ देती। श्रोता के घर पहुँचकर वह कथा के लिए आवश्यक वस्तुएँ ला-लाकर पिता के सामने रखती और जब तक कथा समाप्त न होती, कोने में अचल मूर्ति की तरह बैठी रहती। अब वह पहले के समान ऊँघती नहीं वरन् पिता के अगाध पाण्डित्य पर पुलकित और विस्मित होती हुई बड़े मनोयोग से कथा सुनती और कौन-सा पात्र बन जाता उसके लिए अच्छा होगा, इसकी विवेचना करती रहती।

लौटते समय बाप सत्यनारायण की कथा की पोथी और पंचामृत का पात्र थामता और बेटी पिछौरी में बँधे नारियल, सुपारी, पँजीरी आदि की गठरी सिर पर रख लेती। मार्ग में वह लीलावती, कलावती के सम्बन्ध में इतने प्रश्न करती हुई चलती कि कथावाचक बेटी की बुद्धि पर विस्मित हुए बिना न रहता। पर इस विस्मय के बीच-बीच में खेद की एक छाया भी झाँक जाती थी। यदि बुटिया पुत्र होती, तो वह उसे संसार में सबसे श्रेष्ठ कथावाचक बना देता, पर बेटी के रूप में तो वह पराई धरोहर है। अच्छे घर पहुँच जाय यही बड़ा भाग्य है।

पराई धरोहर लौटाने से पहले ही कथावाचक के लिए ऐसा बुलावा आ पहुँचा, जिसे अस्वीकार करने की क्षमता किसी में नहीं है। जब वह ज्वर से पीड़ित था तभी उसका एक ऐसा गुरुभाई आ पहुँचा, जिसका परिचय गोस्वामी जी के शब्दों में 'नारि मुई गृह-सम्पत्ति नासी, मूँड़ मुड़ाय भये संन्यासी' ही हो सकता था। अन्य सम्बन्धियों के अभाव में इसी भ्रमणशील गुरुभाई को कन्या का भार सौंपकर कथावाचक किसी अन्य लोक में जीवन-कथा सुनाने के लिए चल दिया।

नौ वर्ष की बूटा समझदार होने पर भी मृत्यु-जीवन के सम्बन्ध में बहुत कम जानती थी। घर में कोई और रोने-पीटने वाला न होने के कारण उसने पिता की महानिद्रा को साधारण नींद ही समझा, इसी से उसे खेलने के लिए दूसरे घर भेज देना सहज हो गया। लौटने पर सूना घर देखकर उसने जब रोना-धोना आरम्भ कर दिया, तब नये काका का आश्वासन-भरा कण्ठ भी उसे चुप न कर सका। उसका पिता डोली में बैठकर वैद्य के पास गया है इस कथन पर उसे विश्वास भी था और सन्देह भी। कई गाँवों के अन्तर पर पिता के परिचित एक वैद्य रहते थे, इसी से यह कहानी कुछ असम्भव नहीं लगती थी; पर उसका पिता उसे छोड़कर कभी कहीं गया नहीं, यह विचार इस आकस्मिक गमन को सन्दिग्ध बना देता था।

अन्त में वह सब कुछ जान ही गई और अपने एकाकी जीवन के एकमात्र संगी पिता के लिए अच्छी तरह रोकर उसने नये काका की सेवा का भार सँभाला। वह

स्वभाव से इतना कठोर और व्यवहार में इतना सहानुभूति-शून्य था कि उससे पिता का अभाव भर लेना सम्भव ही नहीं हो सका; पर समझदार बूटा ने अपने व्यवहार से यह नहीं प्रकट होने दिया।

भ्रमण-प्रेमी नये काका ने जब पुराना कच्चा घर बेचकर दूर देश चलने का प्रस्ताव किया, तब बालिका ने बड़े कष्ट से आँसू पीकर अपनी सम्मति प्रकट की। पिता की स्मृति से बसे हुए घर में उसे कभी नहीं जान पड़ा कि वह अकेली है। सदा के समान वह पिता की शालग्राम की बटिया को स्नान कराके डिबिया में रख देती थी, सत्यनारायण की पोथी को नित्य आँचल से झाड़-पोंछकर और चिरपरिचित लाल दुरजनी में बाँधकर खूँटी पर लटका देती थी और उसके बैठने के स्थान को गोबर से लीपने के उपरान्त कुश का आसन बिछाकर पिता के बैठे रहने की कल्पना करती थी।

पर अन्तिम समय में पिता बुटिया को सौंपकर, जिस पर अपने अटूट विश्वास का प्रमाण दे गया था, उसकी इच्छा के विरुद्ध चलना पिता का अपमान था। इसी से एक दिन पुरानी ओढ़नी में पिता का पोथी-पत्रा, अपने बचपन के खिलौने और दो-एक बर्तन बाँधकर वह नये काका के साथ-साथ पैर बढ़ाती हुई परिचित गाँव पीछे छोड़ आई।

उसका घर किसी महाजन ने खरीद लिया था; पर कितना रुपया मिला और उसका क्या उपयोग हुआ; यह नया काका ही जानता था।

बनजारे के जीवन जैसे जीवन में उसने क्या नहीं देखा, यही प्रश्न सम्भव है, क्या-क्या देखा, यह पूछना बेकार होगा, क्योंकि उसके देखने की सीमा बहुत विस्तृत है।

इसी भ्रमण-क्रम में वह माघ मेले के अवसर पर प्रयाग पहुँचा और नाव में बैठकर अरैल घाट पर उतरा। लोग कहते हैं कि वह बालिका को बेचने की इच्छा से आया था; पर इस कथन में विशुद्ध सत्य का अंश कितना है और अनुमान की मिलावट कितनी, यह बताना कठिन है। मेले के दिनों में घाट पर दो पैसा फी आदमी के हिसाब से टैक्स लगता है। काका के पास पैसे नहीं निकले, इसी से वह इधर-उधर करने लगा। सम्भवतः उसकी घबराहट और उसके पीछे अनिच्छा से आने वाली बालिका की सभीत मुद्रा देखकर घाट वाला पूछ बैठा—इसे कहाँ से उठा लाया है? अब इसे चोर की दाढ़ी में तिनके कहा जाय चाहे कुछ और; पर यह सत्य है कि काका बूटा को वहीं छोड़कर दूकान में रुपया भँजाने जो गया, सो आज तक नहीं

लौटा।

अभागी बालिका प्रतीक्षा करते-करते थककर अपनी गठरी पर सिर रखकर आर्त क्रन्दन करने लगी। तब तो घाटवालों को विशेष चिन्ता हुई। कायदे-कानून के घेरे में पचासों चक्कर लगाकर जब उन्होंने अपने कर्त्तव्य का भार उतारने के लिए एक ब्राह्मण परिवार खोज लिया, तब से उस बालिका की खोज-खबर लेने की उन्हें कोई आवश्यकता नहीं जान पड़ी।

इस नये घर में अपने पिता का पोथी-पत्रा आले में रखकर और शालग्राम को ब्राह्मण के ठाकुरजी की सभा का सदस्य बनाकर उसने फिर सेवा-व्रत सँभाला।

बूढ़े ब्राह्मण की बेटियाँ ससुराल में थीं और पुत्र तथा पुत्रवधू बड़े-बूढ़े का पद-ग्रहण करने के लिए आवश्यक, विशेष योग्यता की परीक्षा दे रहे थे। इस अनाथ बालिका के आ जाने से, उन सभी को एक निष्काम सेवक की प्राप्ति हो गई। वह निरीह भाव से घर के सभी काम अपने ऊपर ले रही थी। वृद्ध के पंचपात्र और आचमनी साफ करने से लेकर उनकी खड़ाऊँ धोने तक का काम वह करती थी। ब्राह्मणी की पीठ मलने से लेकर उसकी खटिया कसने तक का अधिकार उसी को था। बहू की जुएँ देखने से लेकर उसका सलूका सीने तक का विज्ञान वह समझती थी। लड़के की चिलम भरने से लेकर उसके चमरौधे जूते में तेल लगाना तक उसके कर्त्तव्य के अन्तर्गत था। उसका स्वभाव सोना था, इसी से वह दुःख की आँच में और अधिक निखर आया; राख और कोयला नहीं बन गया।

इसी बीच में हथई के बाप ने इस सलज्ज, परिश्रमी और मितभाषिणी बालिका को देखा और अज्ञात कुल-शील होने पर भी उसे पुत्रवधू बनाने का प्रस्ताव कर बैठा।

ससुराल में हाड़-चाम के इन दो पुतलों के अतिरिक्त कुछ शेष नहीं था, इसी से एक चुनरी और कुछ कच्ची चूड़ियों के चढ़ावे पर ही वधू को सन्तोष कर लेना पड़ा। ब्राह्मणी का न जाने कब का रखा हुआ पुराना छींट का लहँगा ही उस चुनरी का पूरक बना।

इस तरह के नये-पुराने परिधान में सज्जित, कच्ची काँच की चूड़ियों से अलंकृत और सिन्दूर की एक अंगुल मोटी माँग से प्रसाधित वधू, पन्नी और हरे कागज की मौरी का मुकुट लगाकर, ससुर के अँधेरे कच्चे घर के द्वार पर आ खड़ी हुई। टूटी मटकियों से सम्पन्न और मकड़ी, चूहे, छिपकली आदि से जनाकीर्ण घर में उसके स्वागत के लिए भी कोई नहीं था।

पास-पड़ोस की स्त्रियों ने परिछन करके उसे फटी चटाई पर प्रतिष्ठित कर दिया

और वधू-धर्म की विविध व्याख्याएँ सुनाकर वे अपने-अपने साम्राज्य में लौट गईं।

उसकी धर्ममाता, पकवान से भरी लाड़पिटारी साथ रखना नहीं भूली थी। उसे तो भूख ही नहीं थी; पर उन बेटों ने विवाह का प्रीतिभोज उसी से सम्पन्न किया।

थका हुआ हथई टिमटिमाते हुए दीपक के सामने कम्पित अन्धकार भरे कोने में लेटकर खर्राटे भरने लगा। और वहीं पैताने सिकुड़ कर बूटा ने भी सबेरा कर दिया।

हथई तो उठते ही मित्रों की खोज में चला गया और वृद्ध ने यमुना मैया की ओर जाते-जाते खाँस-खाँस कर वधू से कहा—"दुल्हिनिया, आपन घर सँभार ले, हम तौ जाइत है।' दुल्हिन ने घर को ऊपर से नीचे तक देखकर झाड़ू सँभाली और मकड़ी, झींगुर आदि पर जिहाद बोल दिया। वृद्ध जब तक कुछ चावल-दाल लेकर लौटा, तब तक वधू घर लीप-पोतकर यमुना नहा आई थी। बहू ने बिना ढक्कन वाली बटलोई में खिचड़ी चढ़ाकर उसे फूटी थाली से ढाक दिया और ससुर देहली पर बैठकर उसे अपने अच्छे दिनों की कहानी सुनाने लगा। तब तक एक दोने में गुड़ में पगे सेव लेकर सीटी बजाता हुआ हथई भी लौट आया।

कई टूटी-फूटी मटकियों में हाथ डाल-डालकर वधू ने अमचुर का पता लगाया और नमक-मिर्च के साथ उसे पीसकर चटनी प्रस्तुत की। गृहिणी की गम्भीरता को वधू के घूँघट में सीमित कर उसने फटी चटाई का आसन बिछा और कई जगह टेढ़े लोटे में यमुना-जल भर कर, बाहर तम्बाकू पीते हुए ससुर को कुण्डी खनकाकर बुलाया। पकवान और गुड़ के सेव दोने में रखकर और फूटी थाली में खिचड़ी परोस कर जब वह उन दोनों को खिलाने बैठी, तब उसके हृदय में एक अज्ञातनामा ममता उमड़ आई। 'बिन घरनी घर भूत का डेरा' का जितना सजीव उदाहरण वह घर और उसके निवासी थे, उतना अन्यत्र मिलना कठिन होगा।

इसी घर में उन दोनों विचित्र आत्माओं की चिन्ता करते-करते वह तेरह वर्ष की बालिका से तेईस वर्ष की युवती हो गई है, नववधू से माता बन गई है। उसकी चिन्ता का विस्तार, बढ़ते-बढ़ते अब सीमा तक पहुँच चुका है; पर स्वयं उसकी चिन्ता करने का प्रश्न अभी तक किसी के मन में नहीं उठा।

वहीं खण्डहर में संयोग से मेरा उसका परिचय हो गया और वह परिचय दिन-प्रतिदिन और अधिक गहरा होता गया। पहले-पहले मैंने मुन्नू और मुन्नू की माई को प्रदर्शनी दिखाने के लिए बुला भेजा। सज्जी से साफ की हुई पुरानी धोती में सजी हुई माँ और नग्नता का दोष मिटाने के लिए दादा का फटा अंगोछा पहने हुए बेटा—

दोनों जब मेरे बड़े कमरे के सामने पहुँचे, तो उन्होंने उसी को नुमाइश समझकर मूर्तियों को दंडवत प्रणाम करना आरम्भ किया। सन्ध्या समय जब वे भक्तिन के संरक्षण में प्रदर्शनी देखने पहुँचे, तब तो उस सौन्दर्य की हाट में बेहोश होते-होते बचे।

तब से मुन्नू की माई 'हम तौ आज नैहरे जाब' कहकर प्रायः यहाँ चली आती है। मेरा घर उसका एकमात्र नैहर है। यह सोचकर मन व्यथित होने लगता है।

अन्न का संकट आरम्भ होते ही आजीविका का प्रश्न और अधिक उग्र हो उठा। हथई को बहुत कह-सुनकर किले में काम करने भेजा; पर वह वहाँ टिक न सका। एक तो उसके स्वभाव और काम में छत्तीस का सम्बन्ध है, दूसरे अपने कमाये हुए पैसों का वह एक ही उपयोग जानता है।

अन्त में बहुत संकोच के साथ मुन्नू की माई ने स्कूल में कोई काम देने की बात कही। उन्हें जीवन भर अपने पास रखकर मुझे प्रसन्नता होगी, यह बार-बार कहने पर भी मुन्नू की माई बिना काम के यहाँ आने के लिए राजी नहीं हुई। तब निरुपाय होकर मैंने उसके लिए कम परिश्रम का काम खोज दिया; पर विश्राम तो उसके लिए अपराध जैसा था। वह नित्य बैलगाड़ी में बैठकर जाती और लड़कियों को घर के भीतर से बुलाकर गाड़ी पर ही लौट आती। शेष समय में वह किसी गाड़ीवान की मिर्जई सीती, किसी दाई की कथरी बनाती और कोई काम न रहने पर मेरे घर के कोने-कोने की सफाई में लगी रहती। मुन्नू खाकर और नया कुरता-पैजामा पहनकर कभी आ, ई लिखता, कभी कुत्ते-बिल्ली से खेलता और कभी मेरे आफिस के दरवाजे पर बैठा रहता।

रात को दोनों माँ-बेटे जमीन पर दरी बिछाकर मेरे तख्त के पास ही सो रहते। बहुत कहने-सुनने पर भी मुन्नू की माई ने धरती पर सोने का अभ्यास छोड़ना स्वीकार नहीं किया।

मैंने सोचा था कि उसके परिश्रम के दिन बीत गये; पर यह अनुमान सत्य नहीं हो सका। एक दिन भौंहों तक घूँघट खींच संकोच के साथ मुन्नू की माई ने कहा कि वह अरैल जाना चाहती है। बूढ़ा दो-दो दिन खाना नहीं खाता, उसका बेटा कई-कई दिन गायब रहता है। आठ-दस दिन में एक दिन के लिए देख आना पर्याप्त नहीं; क्योंकि उसके न रहने से वहाँ की व्यवस्था चल ही नहीं सकती। उसके कथन से सत्य का मैंने अनुभव किया और उसे भेजने का प्रबन्ध कर दिया।

इस बार मैं अधिक समय तक अरैल जाने की सुविधा न पा सकी। जब गई तब माघ मेले की तैयारियाँ हो रही थीं। मुन्नू की माई को घर में न देखकर मैंने पूछताछ

की। पता चला, वह संगम के उस पार मजदूरी के लिए जाती है। वहाँ माघ मेले के लिए जमीन बराबर की जा रही है और बहुत-से व्यक्ति काम में लगे हैं। वह भी टोकरी भर-भर के मिट्टी ढोती है। बीच में एक घंटे के लिए छुट्टी मिलती है अवश्य; पर वह आवे कैसे! नाववाला इस पार पहुँचाने के लिए दो पैसे लेता है। सबेरे-साँझ आने-जाने में ही एक आना खर्च हो जाता है। बीच में आने-जाने से एक आना और देना पड़ेगा। इसी से वह भूखी-प्यासी सबेरे से साँझ तक धूप में मिट्टी ढोती है और शाम को मिली मजदूरी से आटा-दाल खरीदकर दिया जले लौटती है। बाँभनी ठहरी—रोटी बाँधे-बाँधे तो फिर नहीं सकती। मल्लाह-मजदूर आदि के बीच में छुआछूत से बच जाना कठिन ही है।

वह ब्राह्मण होकर मिट्टी ढोये, यह न उसके सजातीयों को पसन्द था न घरवालों को; पर इस सम्बन्ध में उसने कोई तर्क नहीं सुना। उसकी भूख-प्यास का सम्बन्ध केवल उससे है, इसी से उसने न रोटी ले जाने का हठ किया और न बीच में घर आने की फिजूलखर्ची स्वीकार की; पर उसके परिश्रम के परिणाम पर अनेक व्यक्तियों का जीवन निर्भर है, अतः इस सम्बन्ध में निर्णय करने का अधिकार वह दूसरे को सौंप नहीं सकती। परिश्रम के तप में पली यह नारी यदि भिक्षाजीवी ब्राह्मणत्व से मिट्टी ढोने को अच्छा समझती है, तो यह उसकी व्यक्तिगत विवशता है। किन्तु लीक-लीक चलनेवाला समाज यदि ऐसे आडम्बरों को निरंकुश बहने दे, तो उसकी एक लीक भी न बच सके। इसी से मजदूरिन ब्राह्मण-वधू ब्रह्मतेज-सम्पन्न भिक्षुक-समाज की आँख की किरकिरी है।

सन्ध्या समय लटों से लेकर पाँव के नखों तक धूल-धूसरित मुन्नू की माई घर लौटी, दिया जलाकर पानी भरने गई और अदहन में दाल छोड़ने के उपरान्त मुझे नमस्कार करने आई।

इस व्यवस्था से मुन्नू बेचारा बड़े कष्ट में पड़ गया था; क्योंकि उसे धूल-मिट्टी से बचाने और खाने-पीने की सुविधा देने के लिए, माँ घर ही छोड़ जाती थी। रोटी कभी वह रात ही को बनाकर रख देती और कभी पाँच बजे सबेरे। बाबा या पिता के साथ खाने-पीने का कार्यक्रम समाप्त हो जाने पर वह दिन-भर क्या करे, यह समस्या सुलझाना कठिन था।

कभी वह बाबा के साथ यमुना किनारे चला जाता, कभी निठल्ले बालकों में खेलता और कभी अपने पीपल के नीचे बैठकर, आँखें मिचमिचाता हुआ पार की भीड़ में अपनी माँ को पहचानने का निष्फल प्रयत्न करता। जब इस पार के बड़े-बड़े

आदमी भी उस पार पहुँचकर कीड़ों की तरह रेंगने लगते हैं, तब उसकी दुबली-पतली और सबसे नाटी माँ का क्या हाल हुआ होगा, यह विचार उसके नन्हें हृदय को मथ डालता। सन्तोष इतना ही था कि इस पार पहुँचते-पहुँचते उसकी माँ वही मुस्कराती हुई माँ बन जाती थी। वे सब पार जाकर इतने छोटे क्यों हो जाते हैं, इस प्रश्न को, वह सबसे दीर्घकाय ठाकुर दादा से लेकर सबसे छोटे नन्हकू तक से पूछ चुका था; पर किसी ने भी उसकी जिज्ञासा का महत्त्व नहीं समझा।

जब कभी मैं अरैल पहुँच जाती थी, तब उसका सारा समय मेरे पास ही बीतता था, इसी से उस एकाकी बालक के स्वभाव की विशेषता मुझसे छिपी न रह सकी।

बालक मेधावी है। उसका प्रत्येक वस्तु को देखने का और उसके सम्बन्ध में मत देने का ढंग अन्य बालकों से भिन्न है। एक बार रात के समय यमुना के पुल पर रेल को जाते देख, वह पुकार उठा—'गुरुजी, गुरुजी, दीवारी भगी जात है' तब मुझे बहुत आश्चर्य हुआ। विशेष पूछने पर उसने बड़े जानकार के समान सिर हिलाकर कहा—'उहै रेलिया बाटै गुरुजी! अँधियारे में दिया बारे भागी जात है!' रात के अंधकार में पुल पार करने वाली ट्रेन का बाह्याकार अँधेरे में मिल जाता है और वह भागते हुए दीपों की पाँति जैसी दिखाई देती है, यह सत्य है, पर इस कवित्वमय सत्य को मुन्नू के मुख से सुनकर किसे आश्चर्य न होगा!

संगीत से भी उसे विशेष प्रेम है। जहाँ-तहाँ सुने हुए भजन वह कंठस्थ ही नहीं कर लेता, वरन् उसी राग के अनुसार गाने का प्रयत्न भी करता। संकोच के मारे मेरे सामने वह अपनी समस्त विद्या प्रकट नहीं कर पाता। बार-बार आरम्भ करके और बार-बार रुककर जब वह पराजय की स्वीकारोक्ति के समान कहता है—'का जाने काहे गुरुजी के सामने तौ सब बिसर जात है', तब हँसी रोकना कठिन हो जाता है।

इन बालकों को निरुद्देश्य धूप में भटकते और स्त्रियों को अकारण लड़ते देखकर ही मेरे मन में एक ऐसी पाठशाला खोलने की इच्छा उत्पन्न हुई, जिसमें स्त्रियाँ अवकाश के समय कातना-बुनना सीख सकें, बच्चे पढ़ सकें और बूढ़े समाचार-पत्र सुन सकें। वैसे अरैल में इस प्रकार की पाठशाला के सम्बन्ध में मतभेद हो सकता है; परन्तु मेरे मस्तिष्क में उत्पन्न विचार कार्य में अपनी अभिव्यक्ति अनिवार्य कर देता है।

थोड़े ही दिन में जब चरखे, करघे, पुस्तकें आदि आवश्यक उपकरण एकत्र हो गये, तब वहाँ नियमित रूप से रह सकने वाली शिक्षक की खोज हुई, क्योंकि मैं तो सप्ताह में एक-दो दिन ही वहाँ रह सकती थी; पर यह समस्या भी सुलझ गयी।

भक्तिन जब बुढ़ापे के कारण कुछ शिथिल होने लगी, तब मैंने उसका असिस्टेंट बनाकर अनुरूप को रख लिया था। उस अहीर-किशोर का अक्षर-ज्ञान और पढ़ने की इच्छा देखकर उसे पढ़ाना भी आवश्यक हो गया। जब वह सम्मेलन की प्रथमा परीक्षा तक पहुँच चुका, तब उसे भक्तिन की सहायता से अधिक महत्त्वपूर्ण कर्त्तव्य सौंपना उचित जान पड़ा, इसी से उसको पढ़ाने की शिक्षा देकर अपनी विचित्र पाठशाला में रखने का प्रबन्ध किया। कताई-बुनाई जानने वाली एक वृद्धा भी वहाँ रहने को प्रस्तुत हो गई।

परन्तु करघा, चरखा आदि मेरी बिना दरवाजे की चौपाल में रखे नहीं जा सकते थे। बस्ती में सबके घर ऐसे थे, जो उनके परिवार के लिए ही छोटे लगते थे। नये घर और जमीन का प्रबन्ध, मेरी शक्ति से बाहर था।

तब मुझे वह सूना पड़ा हुआ पक्का घर याद आया, जिसका पिछला खण्ड कच्चा होने के कारण हर बरसात में ढहता रहता है। गृहस्वामी के सम्बन्ध में ज्ञात हुआ कि वे बाईस वर्ष से उस ओर आने का अवकाश नहीं निकाल सके। माघ के महीने में दो-चार दिन के लिए जब उनके यहाँ से दो-चार व्यक्ति आ जाते हैं, तब जालों से ढके झरोखों से निकलता हुआ कंडों का धुआँ उस परित्यक्त खण्डहर का दीर्घ निश्वास जैसे दिखाई देता है। शेष समय में वह प्रेत-जैसी निस्पन्द और भीषण रहस्यमयता लिये हुए खड़ा रहता है। जिन पंडा महोदय के पास इस शून्य की कुञ्जी थी, वे बेचारे भी प्रस्ताव पर उत्फुल्ल हो उठे और धूल में खेलने वाले भावी विद्यार्थी भी उसकी कठिन दीवारों से चिपक-चिपक कर उसे अपना कहने लगे। जब पंडाजी से पता चला कि इस रहस्यमय घर के स्वामी नई गढ़ी के ठाकुर गोपालशरण सिंह जी हैं, तब सफाई के लिए मजदूर लगाकर मैंने उन्हें इस सम्बन्ध में लिखा।

उसकी स्वीकृति के सम्बन्ध में मेरे मन में कोई दुविधा नहीं थी। इसी से जब उनकी दृष्टि में मेरे उपयोगितावाद का विशेष महत्त्व नहीं ठहरा, तब मुझे विस्मय से अधिक ग्लानि हुई।

आज तो मेरा लोक-ज्ञान बहुत विस्तार पा चुका है। बड़े कलाकार की तो बात ही क्या, जो एक तुक भी मिला सकता है या एक छोटी घटना की कल्पना भी कर सकता है, उससे मैं उपयोगिता की चर्चा नहीं करती। कलाकार यदि मेरी तरह घूरों को लीपता घूमे, तो वह अमर होने का उद्योग कब करे।

अन्त में मैंने चरखे एक गाँव में भेज दिये, करघा दूसरे को दे डाला, वृद्धा को दूसरा काम खोज दिया और अनुरूप को साक्षरता के प्रसार में शिक्षक बनाकर अपना वचन पूरा किया।

अब भी मैं अरैल जाती हूँ और चौपाल में बैठकर मुन्नू का गीत और उसकी माई की कथा सुनती हूँ। वह पक्की इमारतें गर्व से सिर उठाये अधिकार की शून्यता की घोषणा करती है और उसका कच्चा खण्डहर विरक्त भाव से सुनता रहता है।

उसके किसी कोने से बाहर आकर कोई बालक कह देता है—'बहुत दिनन माँ दिखान्यू माईजी' और कोई पूछ बैठता है—'हमार इस्कुलिया कब खुली माई?' उत्तर में मेरा सारा आक्रोश पुकार उठना चाहता है—'अरे अभागे! तुम्हारा गाँव जरायमपेशा है, तुम्हारे बाप-दादा ने अपना जीवन नष्ट करके इसके लिए यह ख्याति कमाई है। तुम जुआ खेलो, चोरी सीखो पर भले आदमियों के अधिकार में हस्तक्षेप करने का दुस्साहस न करो।' पर, धूलभरी बरुनियों से घिरी और मलिन पलकों में जड़ी हुई उन तरल आँखों की चकित सभीत दृष्टि मेरा कण्ठ रूँध देती है, तब मैं बिना किसी ओर देखे नाव की ओर पैर बढ़ाती हूँ।

□□

पाँच

भक्तिन को जब मैंने अपने कल्पवास सम्बन्धी निश्चय की सूचना दी तब उसे विश्वास ही न हो सका। प्रतिदिन किस तरह पढ़ाने आऊँगी, कैसे लौटूँगी, ताँगेवाला क्या लेगा, मल्लाह कितना माँगेगा, आदि-आदि प्रश्नों की झड़ी लगाकर उसने मेरी अदूरदर्शिता प्रमाणित करने का प्रयत्न किया।

मेरे संकल्प के विरुद्ध बोलना उसे और अधिक दृढ़ कर देना है, इसे भक्तिन जान चुकी है; पर जीभ पर उसका वश नहीं। इसी से अपने प्रश्नों की अजस्र वर्षा में भी मुझे अविचलित देखकर वह मुँह बिचकाकर कह उठी—कल्पवास की उमिर आई तब उहौ हुई जाई। का एकै दिन सब नेम-धरम समापत करै की परतिग्या है?'

यह सब, मैं नियम-धर्म के लिए नहीं करती, यह भक्तिन को समझाना कठिन है, इसी से मैं उसे समझाने का निष्फल प्रयत्न करने की अपेक्षा मौन रहकर उसकी भ्रान्ति को स्वीकृति दे देती हूँ। मौन मेरी पराजय का चिह्न नहीं, प्रत्युत् वह जय की सूचना है, यह भक्तिन से छिपा नहीं, सम्भवतः इसी कारण वह मेरे प्रतिवाद से इतना नहीं घबराती जितना मौन से आतंकित होती है, क्योंकि प्रतिवाद के उपरान्त तो मत-परिवर्तन सहज है; पर मौन में इसकी कोई सम्भावना शेष नहीं रहती।

अन्त में भक्तिन-जैसे मन्त्री की सलाह और सम्मति के विरुद्ध ही, सिरकी, बाँस आदि के गट्ठर समुद्रकूप की सीढ़ियों के निकट एकत्र हो गये और मल्लाह मिलकर विश्वकर्मा का काम करने लगे। बीच में दस फीट लम्बी और उतनी ही चौड़ी साफ-सुथरी कोठरी बनी और इसके चारों ओर आठ फीट चौड़ा बरामदा बनाया गया। उत्तर वाला बरामदा मेरे पढ़ने-लिखने के लिए निश्चित हुआ और दक्षिण में भक्तिन ने

अपने चौके का साम्राज्य फैलाया। पश्चिम वाले बरामदे में उसने सत्तू, गुड़ आदि रखने के लिए सींका टाँगा और धोती, कथरी आदि टाँगने के लिए अलगनी बाँधी। कोठरी का द्वार जिसमें खुलता था, वह अभ्यागतों के लिए बैठकखाना बना दिया गया। इस प्रकार सब बन चुकने पर भक्तिन का टाट और मेरी शीतलपाटी, उसकी धुँधली लालटेन और मेरा पीतल के दीवट में झिलमिलाने वाला दिया, उसकी राँगे-जैसी बाल्टी और मेरी लपट-जैसी चमकती हुई ताँबे की कलशी, उसकी हल्दी, धनिया, आटा, दाल आदि की भौतिकता से भरी मटकियाँ और मेरे न जाने कब के पुरातन तथा सूक्ष्म ज्ञान से आपूर्ण संस्कृत-ग्रन्थ आदि से वह पर्णकुटी एकदम बस गई।

तब भक्तिन का और मेरा कल्पवास आरम्भ हुआ। हमारे आसपास और भी न जाने कितनी पर्णकुटियाँ थीं; पर वे कामचलाऊ भर कही जाएँगी।

किसी समय इस कल्पवास का कितना महत्त्व रहा होगा, इसका अनुमान लगाने के लिए इसका आज का समारोह भी पर्याप्त है। सम्भवतः उस समय देश के विभिन्न खण्डों में रहने वाले व्यक्तियों के मिलन, उनके पारस्परिक परिचय, विचारों के आदान-प्रदान तथा सांस्कृतिक समन्वय का यह महत्त्वपूर्ण साधन रहा होगा। ये नदियाँ इस देश की रक्तवाहिनी शिराओं के समान जीवनदायक रही हैं, इसी से इनके तट पर इस प्रकार के सम्मेलनों की स्थिति स्वाभाविक और अनिवार्य हो गई हो, तो आश्चर्य नहीं। आज इस सम्बन्ध में क्या और क्यों तो हम भूल चुके हैं; पर बिना जाने लीक पीटना धर्म बन गया है।

मुझे इस कल्पवास का मोह है, क्योंकि इस थोड़े समय में जीवन का जितना विस्तृत ज्ञान मुझे प्राप्त हो जाता है, उतना किसी अन्य उपाय से सम्भव नहीं। और जीवन के सम्बन्ध में निरनतर जिज्ञासा मेरे स्वभाव का अंग बन गई है।

गर्मियों में जहाँ-तहाँ फेंकी हुई आम की गुठली जब वर्षा में जम जाती है, तब उसके पास मुझसे अधिक सतर्क माली दूसरा नहीं रहता। घर के किसी कोने में चिड़िया जब घोंसला बना लेती है, तब उसे मुझसे अधिक सजग प्रहरी दूसरा नहीं मिल सकता। मेरे चारों ओर न जाने कितने जंगली पेड़-पौधे, पक्षी आदि मेरे सामान्य जीवन-प्रेम के कारण ही पनपते, जीते रहते हैं। जिसका दूध लग जाने से आँख फूट जाती है, वह थूहर भी मेरे सयत्न लगाये आम के पार्श्व में गर्व से सिर उठाये खड़ा रहता है। धँसकर न निकलने वाले काँटों से जड़ा हुआ भटकटैया, सुनहले रेशम के लच्छों में ढके और उजले कोमल मोतियों से जड़े मक्का के भुट्टे के निकट साधिकार आसन जमा लेता है।

न जाने कितनी बार सर्दी में ठिठुरते हुए पिल्लों की टिमटिमाती आँखों के अनुनय ने मुझे उन्हें घर उठा ले आने पर बाध्य किया है। पानी से निकले हुए जाल में मछलियों की तड़प, पक्षियों के व्यापारी के संकीर्ण पिंजड़े में पंखों की फड़फड़ाहट, लोहे की काले कटघरे जैसी गाड़ी में बन्दी और हाँफते हुए कुत्तों की करुण विवशता ने मुझे जाने कितने विचित्र कामों के लिए प्रेरणा दी है।

ऐसा सनकी व्यक्ति मनुष्य-जीवन के प्रति निर्मोही हो तो आश्चर्य की बात होगी; पर उसकी, सुख-दुःख, जीवन-मृत्यु आदि के सम्बन्ध में बहुत कुछ जानने की इच्छा का सीमातीत हो जाना स्वाभाविक है।

मेरी इस स्वाभाविकता का अस्वाभाविक भार भक्तिन ही को उठाना पड़ता है। घोंसले से गिरे कूड़े-कर्कट को फेंकने के उपरान्त पवित्र होकर वह सूर्य को अर्घ्य देने खड़ी हुई कि पिल्ले ने आँगन गन्दा कर दिया। उसे भी धोने के उपरान्त फिर स्नान करके वह शिवजी पर जल चढ़ाने चली कि भिखारी को सत्तू-गुड़ देने का आदेश हुआ। वह इस कर्त्तव्य को भी पूरा करने के उपरान्त नाक बन्द कर जप करने बैठी कि मैं किसी बीमार को देखने जाने के लिए प्रस्तुत हो, उसे पुकारने लगी। जीवन की ऐसी अव्यवस्था में भी वह उलाहना देना नहीं जानती। हाँ, कभी-कभी ओठ सिकोड़कर गम्भीरता का अभिनय करती हुई वह कह बैठती है—'का ई विद्या का कौनिउ इमथान नाहिन बा? होत तौ हमहूँ बुढ़ौती में एक ठौ सार्टीफिकेट पाय जाइत, अउर का!'

अपनी कर्त्तव्यपरायणता के लिए सर्टीफिकेट न पा सकने पर भी भक्तिन उसका महत्त्व जानती है। इसी कारण साधारण-सी बीमारी में भी चिन्तित हो उठती है।—'हम मर जाब तौ इनकर का होई', कउन बनाई-खियाई। कउन इनकर ई अजायबघर देखी-सुनी।' भक्तिन को मृत्यु की चिन्ता करते-करते मेरे अजायबघर की व्यवस्था के लिए, उद्विग्न देखकर किसे हँसी नहीं आवेगी?

धर्म में अखण्ड विश्वास होने के कारण भक्तिन के निकट कल्पवास बहुत महत्त्वपूर्ण है; पर वह जानती है कि मेरी 'भानमती का कुनबा' जोड़ने की प्रवृत्ति उसे मोह-माया के बन्धन तोड़ने का अवकाश न देगी। गाँव के मेले से लेकर कल्पवास तक सब मेरे लिए पाठशाला है; पर इनमें मैं मोह बढ़ाना ही सीखती हूँ, विराग-साधन नहीं।

संक्रान्ति के एक दिन पहले सन्ध्या समय जब मैं योगदर्शन खोलकर बैठी, तब विरल बदलियाँ बिजली के तार में गुँथ-गुँथकर सघन होने लगीं। भक्तिन ने चूल्हा

सुलगाया ही था कि ग्रागीण यात्रियों का एक दल उस ओर के बरामदे के भीतर आ घुसा। मेरे लिए परम अनुगत भक्तिन संसार के लिए कठोर प्रतिद्वन्द्वी है। वह भला इस आकस्मिक चढ़ाई को क्यों क्षमा करने लगी?

आँधी के वेग के साथ जब वह चौके से निकलकर ऐसे अवसरों के लिए सुरक्षित शब्दबाणों का लाघव दिखाने लगी, तब तो मेरा शीतलपाटी का सिंहासन भी डोल गया।

उठकर देखा—एक वृद्ध के नेतृत्व में बालक, प्रौढ़, स्त्री, पुरुष आदि की सम्मिलित भीड़ थी। गठरी-मोटरी, बरतन, हुक्का-चिलम, चटाई, पिटारा, लोटा-डोर सब गृहस्थी लादे-भाँदे वह अनियन्त्रित अभ्यागत मेरे बरामदे में कैसे आ घुसे, यह समझना कठिन है।

मुझे देखकर जब भक्तिन की उग्र मुद्रा में अपराधी की रेखाएँ उभरने लगीं और उसका कड़कड़ाता स्वर एक हलकी कम्पन में खो गया, तब सम्भवतः अभ्यागतों को समझते देर नहीं लगी कि मैं ही उस फूस-सिरकी के प्रासाद की एकछत्र स्वामिनी हूँ।

यूथप वृद्ध ने दो पग आगे बढ़कर परम शान्त, पर स्नेहसिक्त स्वर में कहा—'बिटिया रानी, का हम परदेसिन का ठहरै न देहो? बड़ी दूर से पाँय पियादे चले आइत हैं। ई तो रैन बसेरा है—'भोर भयो उठि जाना रे' का झूठ कहित है? हम तो बूढ़-बाढ़ मनई हैं। ऊपर समुन्दरकूप के महराज ठहरै बरै कहत रहे, उहाँ चढ़ै-उतरै की साँसत रही। नीचे कौनिउ टपरी माँ तिल धरै का ठिकाना नाहिन बा। अब दिया-बाती की बिरिया कहाँ जाई—कसत करी!'

वृद्ध के कण्ठस्वर और उसके कथन की आत्मीयता ने मुझे बलात् आकर्षित कर लिया। भक्तिन की दृष्टि में अस्वीकार के अक्षर पढ़कर भी मैंने उसे अनदेखा करते हुए कहा—'आप यहीं ठहरें बाबा! मेरे लिए तो यह कोठरी ही काफी है। न होगा तो भक्तिन खाना बाहर बना लिया करेगी। इतना बड़ा बरामदा है, आप सब आ जायेंगे। रैन-बसेरा तो है ही।'

फिर जब मैं अपनी पुस्तकें और शीतलपाटी लेकर भीतर आ गई तथा दिया जलाकर पढ़ने बैठी, तब वे अपने-अपने रहने की व्यवस्था करने लगे।

भक्तिन मेरे आराम की चिन्ता के कारण ही दूसरों से झगड़ती है; पर जब उसे यह विश्वास हो जाता है कि अमुक व्यक्ति या कार्य से मुझे कष्ट पहुँचना सम्भव नहीं, तब उसकी सारी प्रतिकूलता न जाने कहाँ गायब हो जाती है। भीड़ से मेरी शान्ति भंग हो सकती है, इस सम्भावना ने उसे जो कठोरता दी थी, वह उस सम्भावना के साथ

ही विलीन हो गई। वह सत्तू रखने के सीके के नीचे ईंट-पत्थर का चूल्हा बनाकर कम-से-कम स्थान घेरने की चेष्टा करने लगी, जिससे उन आक्रमणकारियों को सुख से बस जाने का अवकाश मिल सके।

उस रात तो मुझे उस नये संसार की व्यवस्था देखने का अवसर न प्राप्त हो सका। दूसरे दिन संक्रान्ति की छुट्टी थी। मुझमें इतनी आधुनिकता नहीं कि स्नान न करूँ और इतनी पुरातनता भी नहीं कि भीड़ के धक्कम-धक्के में स्नान का पुण्य लूटने जाऊँ। सो मैं मुँह-अँधेरे ही भक्तिन को जगाकर कोहरे के भारी आवरण के नीचे करवट बदल-बदलकर अपने अस्तित्व का पता देने वाली गंगा की ओर चली।

जब लौटी, तब कोहरे पर सुनहली किरणें ऐसी लग रही थीं, जैसे सफेद आबेरवाँ की चादर पर सोने के तारों की हलकी जाली टाँक दी गई हो।

समुद्रकूप की सीढ़ियों के दक्षिण ओर बनी हुई मेरी बड़ी, पर कोलाहलशून्य पर्णकुटी आज पहचानी ही नहीं जाती थी। उसके नीचे बसी हुई, अस्थिर सृष्टि को देखकर जान पड़ता था कि किसी प्रशान्त साधक के किसी असावधान श्वास के साथ इच्छाओं की चंचल भीड़ उसके निरीह हृदय के भीतर घुस पड़ी हो। निकट पहुँचकर मैंने अपनी कुटी की शान्ति भंग करने वालों का अच्छा निरीक्षण किया।

वृद्ध महोदय ने सेनानी के उपयुक्त आडम्बर के साथ मेरे पढ़ने के बरामदे में अधिकार जमा लिया था। फटी और अनिश्चित रंगवाली दरी और मटमैली दुसूती का बिछौना लिपटा हुआ धरा था। उसके पास ही रखी हुई एक मैले-फटे कपड़े की गठरी उसका एकाकीपन दूर कर रही थी। लाल चिलम का मुकुट पहने, नारियल का काला हुक्का बाँस के खम्भे से टिका हुआ था। तूल की गोटवाला काला सुरती का बटुआ दीवार से लटक रहा था। खम्भे और दीवार से बँधी डोरी की अलगनी पर एक धोती और रुई भरी काली मिरजई स्वामी के गौरव की घोषणा कर रही थी। निरन्तर तैल-स्नान से स्निग्ध लाठी का गाँठ-गँठीलापन भी चिकना जान पड़ता था। पैताने की ओर यत्न से रखी हुई काठ और निवाड़ से बनी खटपटी कह रही थी कि जूते के अछूतपन और खड़ाऊँ की ग्रामीणता के बीच से मध्यमार्ग निकालने के लिए ही स्वामी ने उसे स्वीकार किया है।

सारांश यह कि मेरे पुस्तकों के समारोह को लज्जित करने के लिए ही मानो बूढ़े बाबा ने इतना आडम्बर फैला रखा था। वे सम्भवतः दातौन के लिए नीम की खोज में गये हुए थे, इसी से मैंने भेदिये के समान तीव्र दृष्टि से उनकी शक्ति के साधनों की नाप-जोख कर ली।

बरामदे की दूसरी ओर का जमघट कुछ विचित्र-सा था। एक सूरदास समाधिस्थ जैसे बैठे थे। उनके मुख के चेचक के दाग, दृष्टि के जाने के मार्ग की ओर संकेत करते जान पड़ते थे। श्याम और दुर्बल शरीर में कण्ठ की उभरी नसों का तनाव बताता था कि वे अपनी विकलांगता का बदला कण्ठ से चुका लेना चाहते हैं। सिरकी की टट्टी बाँधते समय बाँस का एक कोना कुछ बढ़कर खूँटी जैसा बन गया था, इसी से एक चिकारा और एक जोड़ा मँजीरा लटक रहा था। सामान में एक चादर, टाट और ऐसी लुटिया भर थी, जिसके किनारे घिसते-घिसते टेढ़े-मेढ़े और पैने हो गये थे।

टाट की सीमा से बाहर वीरासन से विराजमान और तिलक-छाप से पांडित्य की घोषणा करते हुए एक प्रौढ़ एक रंगीन पिटारी खोले हुए थे। रूप-रंग में वह पिटारी शालग्राम या शंकर का बन्दीगृह जान पड़ती थी और सम्भवतः देवता का भार हलका करने के लिए ही वे उन पर लदे चन्दन घिसने के पत्थर और चन्दन की अधघिसी मुठिया बाहर निकाल रहे थे। रामनामी चादर के टुकड़े पर जो पोथी-पत्रा धरा था, उसमें सबसे ऊपर हनुमान-चालीसा का शोभित होना प्रकट कर रहा था कि उनके देवत्व को नित्य भूत-प्रेतों की आसुरी माया से लोहा लेना पड़ जाता है।

टाट का एक खूँट दबाकर ठंडी बालू में बैठने का कष्ट भूलने का प्रयत्न करते हुए दो किशोर बालक, अनेक छेदों से चित्रित एक काली कमली में सिकुड़े बैठे थे। उसमें एक की दृष्टि, छप्पर से लटकती हुई संभवतः सत्तू-गुड़ जैसे मिष्ठान्नों की गठरी को हिप्नोटाइज कर रही थी और दूसरा चकित के समान पंडित के क्रिया-कलाप का तत्त्व समझने में लगा हुआ था।

एक और अधेड़ बैठकर धूप ले रहा था। एक पुरानी और झीनी चादर ने उसके दुबले शरीर के ढाँचे को छिपा रखा था; पर नोकदार कंधों का आभास और उभरी नसों वाले सूखे हाथ सच्ची कथा कह देते थे। क़ीचड़ से भरी हुई बेवाइयों से युक्त पैर कंकालशेष शरीर से पुष्ट जान पड़ते थे। मुख पर झुर्रियों के अक्षरों में भाग्य ने अनाड़ी बालक के समान इतना लिखा था कि अब उसका तात्पर्य पढ़ना कठिन था।

स्त्रियों के डिपार्टमेंट की आर्थिक स्थिति भी इससे कुछ अधिक अच्छी नहीं जान पड़ी। बड़ी-सी गठरी के सहारे दो वृद्धाएँ सुमिरनी लिये ठंडी जमीन पर बैठी थीं, जि. ामें एक ऊँघ रही थी और दूसरी अपने आसपास बसी सृष्टि के प्रति आवश्यक चौकन्नी लगती थी। ऊँघने वाली के पैरों में कसे हुए गोल चिकने कड़े और हाथ में चाँदी की एक-एक चपटी चूड़ी उसके मुण्डित मुण्ड के भीतर छिपकर बची हुई श्रृंगारप्रियता का पता देते थे। दूसरी के गले में बँधे काले डोरे में पिरोये हुए रुद्राक्ष

के दो बड़े-बड़े मनके स्त्री की आभूषण-परम्परा का पालन मात्र जान पड़ते थे।

एक की आँखें माड़े से धुँधली, नाक ठुड्डी पर झुकी हुई और मुख के भाव में एक करुण उदासीनता थी। पर कानों को धोती से बाहर निकाले और ओठों को खोलती बन्द करती हुई दूसरी, अपनी छोटी काली आँखों को घुमाकर तथा छोटी नाक के गोल नथनों को फुलाकर मानो चारों ओर बिखरे हुए रूप-रस-गन्ध-शब्द की खोज-खबर ले रही थी। निकट ही रखा एक बड़ा काशीफल और उससे टिका हुआ हँसिया दोनों विरागी हृदयों का भोजन के प्रति राग प्रकट कर रहा था और ऊपर छप्पर से बँधी रस्सी की फाँसी में झूलती हुई काली घी की हँडिया अपने चमकदार चिकनेपन से उन दोनों के बाह्य रूखेपन का विरोध कर रही थी।

सफेद बूटेदार काली पुरानी धोती पहने हुए जो अधेड़ स्त्री, कोने में लोटे से खोली हुई डोर की अरगनी बाँधने में व्यस्त थी, उसे मैं नहीं देख सकी; पर अरगनी पर गुदड़ीबाजार लगाने के लिए जो फटे-पुराने कपड़े सँभाले खड़ी थी, उसने मेरे ध्यान को विशेष रूप से आकर्षित कर लिया। लाल किनारी की मटमैली धोती का नाक तक खींचा हुआ घूँघट ही उसे विशेषता नहीं देता, हाथ की मोटी कच्ची शर्बती रंग की चूड़ियाँ और पाँव के कुछ ढीले-पतले कड़े तथा दो-दो बिछवे भी उसकी भिन्न सामाजिक स्थिति का परिचय दे रहे थे। घूँघट से बाहर निकले मुख के अंश की बेडौल चौड़ाई और उसमें व्यक्त सौम्यभाव में कुछ ऐसी खींच-खाँच थी कि न आँख उसे सुन्दर कहती थी न मन उसे कुरूप मानता था।

उसके एक ओर दो साँवली किशोरियाँ एक बड़े पिटारे में न जाने क्या खोज रही थीं। उनके गोल मुखों पर झूलती हुई उलझी रूखी और मैली लटें मानो दरिद्रता की कथा के अक्षर थीं। दूसरी ओर फटी दरी के टुकड़े पर एक काली-कलूटी बालिका फटा और तंग कुरता पहने सो रही थी। उसका बीच-बीच में काँप उठना सर्दी और नींद के संघर्ष की तीव्रता बताता था। एक अन्य बालक खम्भे से टिक कर बैठा हुआ, आँखें मलकर रोने की भूमिका बाँध रहा था। कुरते के अभाव में उसे एक पुराने धारीदार अँगौछे का परिधान मिल गया था, पर उसका, ऊपर टँगी हँडिया और नीचे रखी गठरी को देखकर रोना प्रकट करता था कि भीतर की शीत की मात्रा बाहर की शीत से अधिक हो गई है। पूर्व के कोने में पड़े हुए पुआल का गट्ठा और उस पर सिमटी हुई मैली चादर की सिकुड़न कह रही थी कि सोने वालों ने ठंड से गठरी बनकर रात काटी है।

एक श्यामांगिनी युवती बाहर बालू में गड्ढे खोद-खोदकर चूल्हे बनाने में लगी थी। कुछ गोलाई लिये हुए लम्बे, रूखे और उभरी हड्डियों वाले मुख पर छोटी नथ

हिल-हिलकर कभी ओठ कभी कपोल का ऊपरी भाग छू लेती थी। सफेद बूटीदार लाल लहँगों की काली गोट फटकर जहाँ-तहाँ से उघड़ रही थी। पीली पुरानी ओढ़नी में से व्यक्त शरीर की दुर्बलता को जल्दी-जल्दी बालू निकालने में लगे हुए हाथों का फुर्तीलापन छिपा लेता था।

भक्तिन दो उँगलियाँ ओठ पर स्थापित कर विस्मय के भाव से बड़बड़ाई—'अरे मोर बपई! सगर मेला तो हींयही सिकिल आवा है। अब ई अजाबघर छाँड़ि के दूसर मेला को देखै जाई?'

उस पर एक क्रोधपूर्ण दृष्टि डालकर मैं अभ्यागतों से सम्भाषण का बहाना सोच ही रही थी कि घूँघट वाली के सहज स्वर ने मुझे चौंका दिया—'पाँ लागी दिदिया! आपका तो हम पचै बड़ा कष्ट दिहिन है।' पाँलागन के उत्तर में क्या कहा जाय, यह मेरी नागरिक प्रगल्भता भी न बता सकी, इसी से मैंने 'नहीं, कष्ट काहे का—जगह की कमी से आप ही लोगों को तकलीफ हुई' कहकर शिष्टाचार की परम्परा का जैसे पालन किया।

फिर मैं अपनी कोठरी की व्यवस्था में लग गई और भक्तिन मोटे चावल और मूँग की दाल की खिचड़ी मिलाकर और काले तिल के लड्डू लेकर दान-परम्परा की रक्षा करने गई। वहाँ से लौटकर उसने खिचड़ी चढ़ाई।

खाने के समय भक्तिन को दिक करना मुझे बहुत अच्छा लगता है, क्योंकि इसके अतिरिक्त और किसी भी अवसर पर वह मेरी खुशामद नहीं कर सकती। उलटे दस-पाँच सुनाने को कमर कसे रहती है।

गुड़ में बँधे काले तिल के लड्डू बहुत मीठे होने के कारण मैं नहीं खाती, इसी से भक्तिन मेरे निकट 'मोदकं समर्पयामि' का अनुष्ठान पूरा करने के लिए सफेद तिल धो-कूटकर और थोड़ी चीनी मिलाकर लड्डू बना लेती है। इस बार कल्पवास की गड़बड़ी में भक्तिन घर के देवता से अधिक महत्त्व बाहर के देवताओं को दे बैठी। मेले में देवताओं का तीन से तैंतीस कोटि हो जाना स्वाभाविक हो गया, अतः भक्तिन के लिए भी कुछ नहीं बच सका। घर की यह स्थिति भाँपकर ही मुझे कौतुक सूझा और मैंने बहुत गम्भीर मुद्रा के साथ कहा—'मेरे लिए लड्डू लाओ।'

किन्तु भक्तिन की उद्विग्नता देखने का सुख मिलने के पहले ही कल का परिचित कण्ठ-स्वर सुन पड़ा—'बिटिया रानी, का हमहूँ आय सकित है?' मैं तो छूतपाक मानती ही नहीं और भक्तिन अपन बटलोई सहित कोयले की मोटी रेखा के भीतर सुरक्षित थी।

'इधर निकल आइये बाबा'—सुनकर वृद्ध दोनों हाथों में दो दोने सँभाले हुए सामने आ खड़े हुए। सिर का अग्रभाग खल्वाट होने के कारण चिकना चमकीला था; पर पीछे की ओर कुछ सफेद केशों को देखकर जान पड़ता था कि भाग्य की कठोर रेखाओं से सभीत होकर वे दूर जा छिपे हैं। छोटी आँखों में विषाद, चिन्तन और ममता का ऐसा सम्मिश्रित भाव था जिसे एक नाम देना सम्भव नहीं। लम्बी नाक के दोनों ओर खिंची हुई गहरी रेखाएँ दाढ़ी में विलीन हो जाती थीं। ओठों में व्यक्त भावुकता को विरल मूँछें छिपा लेती थीं और मुख की असाधारण चौड़ाई को दाढ़ी ने साधारणता दे डाली थी। सघन दाढ़ी में कुछ लम्बे सफेद बालों के बीच में छोटे काले बाल ऐसे लगते थे, जैसे चाँदी के तारों में जहाँ-तहाँ काले डोरे उलझकर टूट गये हों। स्फूर्ति के कारण शरीर की दुर्बलता और कुछ झुककर चलने के कारण लम्बाई पर ध्यान नहीं जाता था। नंगे पाँव और घुटनों तक ऊँची धोती पहने जो मूर्ति सामने थी, वह साधारण ग्रामीण वृद्ध से अधिक विशेषता नहीं रखती।

बूढ़े बाबा मेरे लिए तिल का लड्डू, घी, आम के अचार की एक फाँक और दही लाये थे। अरुचि के कारण घी-रहित और पथ्य के कारण मिर्च-अचार के बिना ही मैं खिचड़ी खाती हूँ, यह अनेक बार कहने पर भी वृद्ध ने माना नहीं और मेरी खिचड़ी पर दानेदार घी और थाली में एक ओर अचार रख दिया। दही का दोना थाली से टिकाकर अनुनय के स्वर में कहा—'तनिक सा चीखौ तो बिटिया रानी! का पढ़े-लिखे मनई यहै खाय कै जियत हैं!''

उस दिन से उन अभ्यागतों से मेरे विशेष परिचय का सूत्रपात हुआ, जो धीरे-धीरे साहचर्य-जनित स्नेह में परिणत होता गया।

मुझे सबेरे नौ बजे झूँसी से उस पार जाना पड़ता था और वहाँ से ताँगे में यूनिवर्सिटी अकेले आना-जाना अच्छा न लगने के कारण मैं भक्तिन को भी इस आवागमन का आनन्द उठाने के लिए बाध्य कर देती थी। जब तक मैं लौटने के लिए स्वतन्त्र होती, तब तक भक्तिन नारद के समान या तो ताँगेवाले की आत्मकथा सुनकर उसकी भूलों पर निर्णय देती या अन्य परिचितों के यहाँ घूम-फिरकर संसार की समस्याओं का समाधान करती रहती।

सबेरे आने की हड़बड़ी में खाने-पीने की व्यवस्था ठीक होना कठिन था और लौटने पर जलपान का प्रबन्ध होने में भी कुछ विलम्ब हो ही जाता था। मेरी असुविधा को उन ग्रामीण अतिथियों ने कब और कैसे समझ लिया, यह मैं नहीं जानती; पर मेरे पर्णकुटी में पैर रखते ही जलपान के लिए विविध, पर सर्वथा नवीन व्यंजन उपस्थित होने लगे।

फूल के बड़े कटोरे में बाजरे का दलिया और दूध, छोटी थाली में सत्तू, गुड़ या पुए, रंगीन डलिया में मुरमुरे चने या भुने शकरकन्द आदि के रूप में जो जलपान मिलता था, उसे पंचायती कहना चाहिए, क्योंकि सभी व्यक्ति अपने-अपने चौके में से मेरे लिए कुछ-न-कुछ बचाकर सीके पर रख देते थे। एक साथ इतना सब खाने के लिए मुझे जीवन की ममता छोड़नी होगी, यह बार-बार समझाने पर भी उनमें से कोई मानता ही न था।

'का दिदिया न चखिहैं', 'बिटिया रानी छुइ भर देतीं तौ हमार जियरा अस सिराय जात' 'दिदिया जीभ पै तनिक धर लेतीं, तौ ई सब अकारथ न जात' आदि अनुरोधों को सुनकर यह निश्चय करना कठिन हो जाता था कि किसे अस्वीकृति के योग्य समझा जावे। निरुपाय चना-गुड़ से लेकर बाजरे के पुए तक सब प्रकार के ग्रामीण व्यंजनों से मेरी शहराती रुचि का संस्कार होने लगा।

जलपान के समारोह के उपरान्त वे सब सन्ध्या-स्नान, गंगा में दीपदान आदि के लिए तट पर जाते और मैं उत्सुक और जिज्ञासु दर्शक के समान, उनका अनुसरण करती।

कल्पवासी एक ही बार खाते और माघ के कड़कड़ाते जाड़े में भी आग न तापने के नियम का पालन करते। इन नियमों के मूल में कुछ तो लकड़ी का महँगापन और अन्न का अभाव रहता है और कुछ तपस्या की परम्परा।

पर मुझे सर्दी में अलाव जलता हुआ देखना अच्छा लगता है। लकड़ी-कण्डों का अभाव तो था ही नहीं। बस पर्णकुटी के बाहर बड़ा-सा ढेर लगाकर मैं होली जलाती और अतिथियों की गृहस्थी के साथ आई हुई एक पुरानी मचिया पर बैठकर तापती। उनके बच्चे, जो कल्पवास के कठोर नियमों से मुक्त थे और मेरी भक्तिन, जिसका कल्पवास परलोक से अधिक इस लोक से सम्बन्ध रखता था, आग के निकट बैठकर हाथ-पैर सेंकते। सच्चे कल्पवासी अपने और आग के बीच में इतना अन्तर बनाये रखते थे, जितने में पाप-पुण्य का लेखा-जोखा रखने वाले चित्रगुप्त महोदय धोखा खा सकें।

इस विचित्र सम्मेलन का कार्यक्रम भी वैसा ही अनोखा था। कोई भजन सुनाता, कोई पौराणिक कथा कहता। कभी किम्वदन्तियों के नये भाष्य होते, कभी लोकचर्चा पर मौखिक टीकाएँ रची जातीं। कबीर की रहस्यमय उलटवाँसियों से लेकर अच्छा बैल खरीदने के व्यावहारिक नियम तक सब में उन ग्रामीणों की अच्छी गति थी, इसी से उनकी संगति न एकरस जान पड़ती थी न निरर्थक। इस सम्पर्क के कारण ही मैं उनकी जीवन-कथा से भी परिचित होती गई।

बूढ़े ठकुरी बाबा भाटवंश में अवतीर्ण होने के कारण कवि और कवि होने के कारण सजातीय कहे जा सकते हैं। आधुनिक युग में भाट-चारणों के कर्त्तव्य और आवश्यकता में बहुत अन्तर पड़ चुका है, इसी से न कोई उनके अस्तित्व को जानता है और न उनके कवित्व-व्यवसाय का मूल्य समझता है। अब तो उनका पैतृक धन्धा व्यक्तिगत मनोविनोद मात्र रह गया है।

समय के प्रवाह को देखकर ठकुरी बाबा के पिता ने तुकबन्दी के लिए मिली हुई प्रतिभा का उपयोग साधारण किसान बनने में किया और अपनी दिवंगत प्रथम पत्नी के दोनों सुयोग्य पुत्रों को भी नीतिशास्त्र में पारंगत बनाकर भावुकता के प्रवेश का मार्ग ही बन्द कर दिया।

दूसरी नवोढ़ा पत्नी भी जब परलोकवासिनी हुई, तब उसका पुत्र अबोध बालक था; पर पिता ने प्रिय पत्नी के प्रति विशेष स्नेह-प्रदर्शन के लिए उसे साक्षात् कौटिल्य बनाने का संकल्प किया। इस शुभ संकल्प की पूर्ति के लिए जैसा भगीरथ प्रयत्न किया गया, उसे देखते हुए असफलता को दैवी ही कहा जायेगा।

संभवतः पति की नीतिमत्ता से भागकर परलोक में शरण पाने वाली माँ पुत्र को बचाने के लिए उस पर भावुकता की वर्षा करने लगी हो। हो सकता है कि कौटिल्य ने दूसरे कौटिल्य की सम्भावना से कुपित होकर उसकी बुद्धि भ्रष्ट कर दी हो; पर यह सत्य है कि हठी बालक ने अपना-पराया तक नहीं सीखा—नीति के अन्य अंगों की चर्चा ही क्या। हताश पिता ने इस कठोर शिक्षा का भार बड़े पुत्रों पर छोड़कर अपने जीवन से अवकाश ग्रहण किया।

सौतेले भाई बड़े और गृहस्थी वाले थे, इसी से घर-द्वार उन्हीं के अधिकार में रहा और छोटा भाई चाकरी के बदले में भोजन-वस्त्र पाता रहा। उसका कवित्व भाइयों के लिए लाभप्रद ही ठहरा, क्योंकि कोई भी कला सांसारिक और विशेषतः व्यावसायिक बुद्धि को पनपने ही नहीं दे सकती और बिना इस बुद्धि के मनुष्य अपने आपको हानि पहुँचा सकता है, दूसरों को नहीं।

जब जात-बिरादरी में छोटे को अविवाहित रखने पर टीका-टिप्पणी होने लगी, तब भाइयों ने उसका एक सुशील बालिका से गठबन्धन कर दिया और भौजाइयों ने देवरानी को सेवाधर्म की शिक्षा देना आरम्भ किया।

दम्पति सुखी नहीं हो सके, यह कहना व्यर्थ है। दासों का एक से दो होना प्रभुओं के लिए अच्छा हो सकता है, दासों के लिए नहीं। एक ओर उससे प्रभुता का विस्तार होता है और दूसरी ओर पराधीनता का प्रासार। स्वामी तो साम-दाम-दण्ड-

भेद द्वारा उन्हें परस्पर लड़ाकर दासता को और दृढ़ करते रहे हैं और दास अपनी विवश झुँझलाहट और हीन भावना के कारण एक-दूसरे के अभिशापों को विविध बनाकर उससे बाहर आने का मार्ग अवरुद्ध करते रहते हैं।

देवर-देवरानी मिलकर यदि गृहस्थी बसा लेते, तो सेवा का प्रश्न कठिन हो जाता, इसी से भौजाइयाँ नई बहू की चुगली करके उसे पति के निकट अपराधिनी के रूप में उपस्थित करने लगीं। पत्नी की निर्दोषिता के सम्बन्ध में पति का मन विश्वास और अविश्वास के हिंडोले में झोंके खाता था; पर न उसने अपने विश्वास को प्रकट करके वधू को सान्त्वना दी, न अविश्वास प्रकट करके अपने मन का समाधान किया।

गर्वीली पत्नी भी अपनी ओर से कुछ न कहकर अविराम परिश्रम द्वारा मन का आक्रोश व्यक्त करने लगी। ठकुरी बेचारे कवि ठहरे। शुष्क यथार्थता उनकी भाव-बोझिल कल्पना के घटाटोप में प्रवेश करने के लिए कोई रंध्र ही न पाती थी।

कहीं बिरहा गाने का अवसर मिल जाता, तो किसी के भी मचान पर बैठकर रात-रात भर खेत की रखवाली करते रहते। कोई बारहमासा वाला रसिक श्रोता मिल जाता, तो उसके बैलों का सानी-पानी करने में भी हेठी न समझते। कोई आल्हा-ऊदल की कथा सुनना चाहता, तो मीलों पैदल दौड़े जाते। कहीं होली का उत्सव होता, तो अपने कबीर सुनाने में भूख-प्यास भूल जाते।

अपनी इस काव्य-वाचकता के कारण वे कोई और काम ठीक से न कर पाते थे। नागरिक शिष्ट-समाज के समान कोई उन्हें पचास रुपया फीस देकर गलेबाजी के लिए नहीं बुलाता था, इसी से अर्थ की दृष्टि से कवि ठाकुरदीन सुदामा ही रह गये। किसी ने मैली पिछौरी के खूँटमें थोड़ा-सा तिल-गुड़ बाँधकर उदारता प्रकट की। किसी ने पथरौटी में सत्तू पर नमक के साथ ही हरी मिर्च रखकर आतिथ्य-सत्कार किया। किसी ने सुलगे हुए कण्डों पर दो भौरियाँ सेंकने का अनुरोध करके काव्य-मर्मज्ञता का परिचय दिया। इन पुरस्कारों को पाकर ठकुरी प्रसन्न न थे, यह कहना मिथ्यावाद होगा। उनकी काव्यजनित अकर्मण्यता भाइयों की उपेक्षा, भौजाइयों के व्यंग्य और पत्नी की मर्मपीड़ा का कारण थी, इसे भी वे नहीं जानते थे।

कुछ वर्षों में पत्नी ने उन्हें एक कन्या का उपहार दिया; पर इसके उपरान्त वह विश्राम और पथ्य के अभाव में प्रसूति ज्वर से पीड़ित हुई तथा उचित चिकित्सा के अभाव में डेढ़ वर्ष की बालिका छोड़कर अपने कठोर जीवन से मुक्ति पा गई। ठकुरी उसी रात आल्हा सुनाकर लौटे थे। माता की मृत्यु का उन्हें स्मरण नहीं था, वृद्ध पिता

की विदा ने उनके मर्म को छेदा नहीं था; पर यौवन के प्रथम प्रहर में सारे स्नेहबन्धन तोड़ जाने वाली पत्नी ने उनके हृदय को हिला दिया। खारे आँसुओं ने आँखों का गुलाबीपन धोकर उन्हें जीवन-दर्शन के लिए स्वच्छ बनाया। पत्नी को खोकर ही ठकुरी वास्तविक पति और पिता बन सके।

घर में बालिका की उपेक्षा देखकर और उसके परिणाम की कल्पना करके वे अलगौझे पर बाध्य हुए तथा घर की व्यवस्था के लिए अपनी बूढ़ी मौसी को लिवा लाए; पर कन्या देख-रेख वे स्वयं करते थे। आल्हा-ऊदल की कथा के प्रेमी पिता की बेला, विनोद के समय उनके कंधे पर चढ़ी हुई घूमती थी और काम के समय पीठ पर बँधी हुई उनके काम की निगरानी करती थी। किसी के हँसने पर ठकुरी कह देते थे कि जब मजदूर माँ अपने बच्चों को लेकर काम करती है, तब पिता के ऐसा करने में लजाने की कौन बात है! बेला के लिए तो वही बाप है और वही माँ।

बालिका जब छः-सात वर्ष की हुई, तब ठकुरी किसी काव्यप्रेमी सजातीय के सुशील, पर मातृ-पितृहीन भतीजे को ले आये और बेला की सगाई करके भावी जामाता को अपना काम-काज सिखाने लगे। भाग्य सम्भवतः इस देहाती कवि से रुष्ट था, इसी से शिक्षा समाप्त होते ही भावी जामाता के चेचक निकल आई। वह बच तो गया पर एक आँख के लिए सम्पूर्ण सृष्टि अन्धकारमय हो गई और दूसरी में इतनी ज्योति शेष रही कि ठोस संसार भाप का बादल-सा दिखाई पड़ने लगा।

पिता ने कन्या की इच्छा जाननी चाही; पर वह हठ में महोबे की लड़ाई में उस बेला के समान निकली, जिसने पिता के बाग में लगे चन्दन की चिता पर ही सती होने का प्रण किया था। बेला ने बचपन के साथी को छोड़ना नहीं चाहा और इस प्रकार ठकुरी बाबा वचन-भंग के पातक से बच गये।

अब कवि ससुर, उसकी बूढ़ी मौसी, अन्धा दामाद और रूपसी बेटी एक विचित्र प्रकार का परिवार बनाये बैठे हैं। ससुर ने जामाता को भी काव्य की पर्याप्त शिक्षा दे डाली है। ठकुरी चिकारा बजाकर भक्ति के पद गाते हैं, तब वह खँजरी पर दो उँगलियों से थपकी देकर तान सँभालता है; बूढ़ी मौसी तन्मयता के आवेश में मँजीरा झनकार देती है और भीतर काम करती हुई बेला की गति में एक थिरकन भर जाती है।

घर में एक मुर्रा भैंस, दो पछाहीं गायें और एक हल की खेती होने के कारण जीवन-यापन का प्रश्न विशेष समस्या नहीं उत्पन्न करता। यह विचित्र परिवार हर वर्ष माघ मेले के अवसर पर गंगा-तीर कल्पवास करके पुण्यपर्व मनाता है। इसके साथ

गाँव के अन्य भक्तगण भी खिंचे चले आते हैं।

ठकुरी बाबा तो सबको अपना अतिथि बनाने को प्रस्तुत रहते हैं; पर कल्पवास में दूसरे का अन्न खाने वाले को विनिमय में अपना पुण्य-फल दे देना पड़ता है, इसी से वे सब अपनी-अपनी गठरी-मुठरी में खाने-पीने का सामान लेकर घर से निकलते हैं; पर वस्तु से वस्तु का विनिमय वर्ज्य नहीं माना जाता, चाहे विनिमय वाली वस्तुओं में कितनी ही असमानता क्यों न हो। आवश्यकता और नियम के बीच में वे सरल ग्रामीण जैसा समझौता करा देते हैं, उसे देखकर हँसी आये बिना नहीं रहती। कोई गुड़ की एक डली रख कर ठकुरी बाबा से आध सेर आटा ले जाता है, कोई चार मिर्च देकर आलू-शकरकन्द का फलाहार प्राप्त कर लेता है। कोई पत्ते पर तोला भर दही रखकर कटोरा भर चावल नापता है। कोई धूप के लिए रत्ती भर घी देकर लुटिया भर दूध चाहता है।

ठकुरी बाबा को देने में एक विशेष प्रकार की आनन्दानुभूति होती है, इसी से वे स्वयं पूछ-पूछकर इस विनिमय-व्यापार को शिथिल होने नहीं देते। वे भावुक और विश्वासी जीव हैं। चिकारा हाथ में लेते ही उनके लिए संसार का अर्थ बदल जाता है। उनकी उदारता, सहज सौहार्द, सरल भावुकता आदि गुण ग्रामीण-जीवन के लक्षण होने पर भी अब वहाँ सुलभ नहीं रहे। वास्तव में गाँव का जीवन इतना उत्पीड़ित और दुर्वह होता जा रहा है कि उसमें मनुष्यता को विकास के लिए अवकाश मिलना ही कठिन है।

सदा के समान इस वर्ष भी ठकुरी बाबा के दल में विविधता है। भोजन की व्यवस्था के लिए बालू खोदकर चूल्हे बनाती हुई लोकचिन्तारत बेटी, चिकारा, मँजीरे और डफली आदि की पृष्ठभूमि के साथ स्वप्न-दर्शन में अचल जामाता और घी की हँडिया, काशीफल आदि के बीच में बैठकर लोक और परलोक की समस्या सुलझाती हुई मौसी से ठकुरी बाबा का कुटुम्ब बना है। शेष मानो विभिन्न वर्गों और जातियों की सम्मिलित परिषद् है।

एक वृद्धा ठकुराइन है। पति के जीवनकाल में वे परिवार में रानी की स्थिति रखती थीं, परन्तु विधवा होते ही जिठौतों ने निःसन्तान काकी से मत देने का अधिकार भी छीन लिया। गाँव के नाते वे ठकुरी की बुआ होती थीं, इसी से पुण्य कमाने के अवसर पर वे उन्हें साथ लाना नहीं भूलते।

दूसरी एक सहुआइन हैं, जिनके पति गाँव की तेली-बालिका को लेकर कलकत्ते में कर्त्तव्यपालन कर रहे हैं। विवाहित जीवन के डबल सर्टीफिकेट के समान दो-दो

बिछुए पहनकर और नाक तक खिंचे घूँघट में वधूवंश की मर्यादा को सुरक्षित रखकर वे परचून की दुकान द्वारा जीवन-यापन करती हैं।

हर माघ में वे अपने दो किशोर बालकों के साथ आकर कल्पवास की कठोरता सहती हैं और कमर तक जल में खड़ी होकर भावी जन्मों में साहुजी पाने का वरदान माँगती हैं। पति ने उनका इहलोक बिगाड़ दिया है; पर अब उसके अतिरिक्त किसी और की कामना करके वे परलोक नहीं बिगाड़ना चाहतीं।

तीसरा एक विधुर काछी है। किसी के खेत के टुकड़े में कुछ तरकारी बो कर, किसी की आम की बगिया की रखवाली करके अपना निर्वाह करता है। उसकी घरवाली तीन पुत्रियों की भेंट दे चुकी थी। चौथा पुत्र-उपहार देने के अवसर पर वह संसार के सभी आदान-प्रदानों से छुट्टी पा गई। रात-दिन कठोर परिश्रम करके भी उसे प्रायः भूखा ही सोना पड़ता था। चौथी बार पुत्र-जन्म के उपरान्त घर में थोड़ा चावल ही मिल सका। बड़ी लड़की ने उसी का भात चढ़ा दिया। भात यदि माँ खा लेती, तो बच्चे भूखे सोते, इसी से उसने चावल पसाकर माड़ स्वयं पी लिया और भात उनके लिए रख दिया। उसी रात वह सन्निपात-ग्रस्त हुई और तीसरे दिन नवजात-पुत्र के साथ ही उसके जीवन की कठिन तपस्या समाप्त हो गई।

पिछले वर्ष काछी आम के पेड़ पर से गिर पड़ा, तब से न वह सीधा खड़ा हो सकता है और न कठिन परिश्रम के योग्य है। दोनों किशोरी बालिकाएँ कभी सहुआइन भौजी के कंडे पाथकर, कभी पंडिताइन का घर लीपकर कुछ पा जाती हैं, पर छोटी बालिका पिता के गले की फाँसी हो रही है। ठकुरी बाबा के भरोसे ही वह अपनी तीन जीवों की सृष्टि लेकर कल्पवास करने आता है; पर गंगा माई से वह माँगता क्या है, इसका अनुमान लगाना कठिन है।

चौथे ब्राह्मण दम्पत्ति हैं। गँवई-गाँव की यजमानी वह कामधेनु नहीं है कि पंडितजी महन्ती माँग लेते; पर कहीं कथा बाँचकर और कहीं पुरोहिताई करके वे आजीविका का प्रश्न हल कर लेते हैं। विधाता ने जाने कैसा षड्यन्त्र रचकर उन्हें पुं नामक नरक से उबारने वाले को अवतार नहीं लेने दिया। पर पंडितजी अपनी स्तुतियों द्वारा गंगा को गद्गद करके बेचारे चित्रगुप्त का लेखा-जोखा व्यर्थ कर देना चाहते हैं।

पंडिताइन भी अच्छी हैं; पर सन्तान के लिए इतनी लम्बी प्रतीक्षा ने उनकी आशा के माधुर्य में वैसी ही खटाई उत्पन्न कर दी है, जैसी देर से रखे हुए दूध के फट जाने पर स्वाभाविक है।

पति के पूजा-पाठ का खटराग पंडिताइन को फूटी आँख नहीं सुहाता, इसी से

वह कभी चन्दन का मुठिया नाज में गाड़ देती हैं, कभी सुमिरनी मोखे में छिपा आती हैं और कभी पोथी-पत्रा अपनी पिटारी में बन्द कर रखती हैं।

एक ममेरी विधवा बहिन का देहान्त हो जाने पर पंडित, बालक भांजे को आश्रय देने के लिए बाध्य हो गये। तब से वही महाभारत की द्रौपदी बन गया है। उससे पुत्र का अभाव भरने के स्थान में और अधिक रिक्त होता जा रहा है। अपना होता तो कहना मानता; अपना रक्त होता, तो अपनी ममता करता, आदि; का अर्थ बालक की अबोधता देखकर समझ में नहीं आता। वह बेचारा इन सिद्धान्त-वाक्यों को केवल चकित, विस्मित भाव से सुनता रहता है, क्योंकि अपने-पराये की परिभाषा अभी तक उसने सीखी ही नहीं है। जैसा वह माँ के जीवनकाल में था, वैसा ही आज भी है। अब अचानक वह मामी को इतना क्रोधित कैसे कर देता है, यह प्रश्न उसके मन को जब मथ डालता है, तब वह फूट-फूटकर रो उठता है।

इस विचित्र साम्राज्य के साथ मैंने माघ का महीना भर बिताया, अतः इतने दिनों के संस्मरण कुछ कम नहीं हैं; पर इनमें एक सन्ध्या मेरे लिए विशेष महत्त्व रखती है।

मैं अधिक रात गये तक पढ़ती रहती थी, इसी से मेरा वह अतिथि-वर्ग भजन-कीर्तन के लिए दूसरे कल्पवासियों की मण्डली में जा बैठता था। एक दिन ठकुरी बाबा ने स्नेह-भरी शिष्टता के साथ कहा कि एक बार अपनी कुटी में भी भजन हो तो अच्छा है। मैं कोलाहल से दूर रहती हूँ, इसी से भजन-कीर्तन में सम्मिलित होना भी मेरे लिए सहज नहीं होता; पर उस दिन सम्भवतः कुतूहलवश ही मैंने उनका निमन्त्रण स्वीकार कर लिया। दिन निश्चित हो गया।

माघी पूर्णिमा के पहले आने वाली त्रयोदशी रही होगी। सबेरे कुछ मेघखण्ड आकाश में एकत्र हो गये थे; पर सन्ध्या की सुनहली आभा के खर प्रवाह में वे धारा में पड़े नीले कमलों के समान बहकर किसी अज्ञात कूल से जा लगे। सन्ध्या-स्नान और गंगा में दीपदान करके वे सब कुटी के बरामदे में और बाहर बालू पर एकत्र हो गये।

पंडितजी ने पूजा के लिए एक छोटे गमले में मिट्टी भर कर तुलसी रोप दी थी। उसी को बीच में स्थापित करके बालू का एक छोटा-सा चबूतरा बनाया गया।

फिर बूढ़ी मौसी के पिटारे में रखी हुई द्वारकाधीश की ताम्रमयी छाप, पंडितजी की रंगीन काठ की डिबिया के बन्दी शालग्राम, ठकुराइन बुआ के चाँदी की जलहरी में विराजमान महादेवजी, ठकुरी बाबा का पुराने फ्रेम और टूटे शीशे में जड़ा हुआ

रामपञ्चायतन का चित्र, सूर के हाथ में लड्डू लिये पीतल के बालमुकुन्द और सहुआइन भौजी के पास पति की स्मृति के रूप में रखे हुए मिट्टी के गणेश सब उसी चबूतरे पर प्रतिष्ठित हो गये। जान पड़ता था, भक्तों ने अपने देवताओं को सम्मेलन के लिए बाध्य कर दिया है।

बैठने में भी व्यवस्था की कमी नहीं दिखाई दी। खुले बरामदे में मेरे लिए आसन बिछा था। दाहिनी ओर दोनों बूढ़ियाँ और कुछ हटकर सहुआइन और पंडिताइन बैठी थीं। बाईं ओर बच्चों की पंक्ति थी, जिसे सर्दी से बचाने के लिए सहुआइन ने अपनी दुसूती चादर खोलकर ओढ़ा दी थी, देवताओं के सामने पंडित जी पुरानी पोथी खोले विराजमान थे। उनसे कुछ हटकर ठकुरी बाबा चिकारे की खूँटी ऐंठ रहे थे और उनके गीत की हर कड़ी ठीक-ठीक सुनने के लिए सटकर बैठा हुआ जामाता गोद में रखी खँजड़ी पर ममता से उँगलियाँ फेर रहा था।

काछी काका इन दोनों से कुछ दूर फटी चादर में सिकुड़े हुए थे। झुकी हुई पीठ के कारण ऐसा जान पड़ता था, मानो बालू के कणों में कुछ पढ़ रहे हैं। दस-पाँच और ऐसे ही कल्पवासी आ गये थे। धूप लाना, आरती के लिए फूल-बत्ती बनाना, घी निकालना आदि काम बेला के जिम्मे थे, अतः वह फिरकनी के समान इधर-उधर नाच रही थी।

भक्तों ने 'तुलसी महरानी नमो-नमो' गाया और पंडितजी ने पूजा का विधान समाप्त किया। तब ताँबे के पञ्चपात्र और आचमनी से गंगाजल और तुलसीदल बाँटा गया। गंगाजल भक्त-मंडली पर छिड़क कर पंडित देवता ने कुछ शुद्ध, कुछ अशुद्ध संस्कृत में गंगा के माहात्म्य का पाठ किया। फिर उच्च स्वरसे रामायण का वह अवतरण गाया, जिसमें श्रीराम-जानकी-लक्ष्मण गंगा पार करते हैं। श्रोतागणों में अधिकांश को वह अवतरण कंठस्थ होने के कारण कथावाचक का स्वर अन्य स्वरों की समष्टि में डूबकर अपना बेसुरापन छिपा सका।

तब गौरी-गणेश की वन्दना से गीत-सम्मेलन आरम्भ हुआ। यह कहना कठिन होगा कि उनमें कौन सुन्दर गाता था; पर यह तो स्वीकार करना ही होगा कि सभी गीत तन्मयता के सञ्चार में एक-से प्रभविष्णु थे।

कबीर, सूर, तुलसी जैसे महान् कवियों से लेकर अज्ञातनामा ग्रामीण तुक्कड़ों तक के पद उन्हें स्मरण थे। एक जो कड़ी गाता था, उसे सबका समवेत स्वर दोहरा देता था। दबे पाँव तट पर आकर फिर खिलखिलाती हुई-सी लौटने वाली लहरें मानो अविराम ताल दे रही थीं।

गायकों में क्रम था और गीतों में गाने वालों की अवस्था के अनुसार विविधता। सबसे पहले दो बूढ़ियों ने गाया। ठकुरी बाबा की मौसी ने 'सो ठाढ़े दोउ भइया सुरसरि तीर। एही पार से लखन पुकारै केवट लाओ नइया सुरसरि तीर।' गाकर बनवासी राम का जो मार्मिक चित्र उपस्थित किया, उसी की प्रतिकृति ठकुराइन की 'दखिन दिशा हेरैं भरत सकारे, आजू अवइया मोरे राम पियारे! दिवस गिनत मोरी पौरैं खियानी, मग जोवत थाके नैन के तारे!' आदि पंक्तियों में मिली। साँस भर आने के कारण रुक-रुक कर, गाये हुए गीत मानो हृदय के रस से भीगकर भारी हो गये थे। पंडिताइन के 'कहन लागे मोहन मइया मइया' में यदि भाव का विस्तार था, तो सहुआइन के 'चले गये गोकुल से बलवीरा चले गये... बिलखत ग्वाल बिसूरति गौएँ तलफत जमना-नीरा चले गये' में अभाव की गहराई। 'सुनाये बिना गुजर न होई' कह-कह कर गवाये हुए काछी काका के 'मन मगन भया तब क्या बोले' में यदि तन्मयता की सिद्धि थी, तो अन्धे युवक के 'सुधि ना बिसरै मोहि श्याम तुम्हारे दरसन की' में स्मृति की साधना।

ठकुरी बाबा ने खाँस-खाँसकर कण्ठ साफ करने के उपरान्त आँख मूँद कर गाया—

खेले लागे अँगना में कुँवर कन्हइया हो!
बोले लागे 'मइया नीकी खोटो बलभइया हो'!
खटरस भोग उनहिं नहीं भावै रामा,
मइया माखन रोटी खवावै लै बलइया हो!
साल दुसाला मनहिं नहिं भावै रामा,
हँसिके कारी कमरी उढ़ावै उनकर मइया हो!
लैके भौंरा चकई खेलन नहिं जावे रामा,
माँगै 'दैदे लकुटी मैं घेरि लालौ गइया हो'!

कृष्ण के जीवन में साधारण व्यक्तियों को क्यों इतना अपनापन मिलता है, इस प्रश्न का जो उत्तर उस दिन सहज ही मिल गया, उसका अन्यत्र मिलना कठिन होगा।

स्वर, रेखाएँ और रंग भी प्रत्यक्ष कर सकते हैं, यह उनकी गीत-लहरी की चित्रमयता से प्रत्यक्ष हो गया।

बूढ़े से बालक तक सबको एक ही स्पन्दन, एक ही पुलक और एक ही भाव बाँधे हुए था।

कितनी देर तक उन्होंने क्या-क्या गाया, यह बताना सम्भव नहीं; क्योंकि जब अन्तिम आरती ने इस सम्मेलन की समाप्ति की सूचना दी; तब मैं मानो नींद से जागी।

थोड़ी देर में, यह बरामदे में अपना-अपना बिछौना ठीक करके लेट गये, किन्तु मैं अपनी कोठरी में पीतल की दीवट में जलते हुए दिये के सामने बैठकर कुछ सोचती रह गई।

सहुआइन ने पहले बाहर से झाँका, फिर एक पैर भीतर रखकर विनीत भाव से जो कहा, उसका आशय था कि अब दिये को विदा कर देना चाहिए, उसकी माँ राह देखती होगी।

हँसी मेरे ओठों तक आकर रुक गई। जब इनके लिए सब कुछ सजीव है, तब ये दीपक की माँ की और उसकी प्रतीक्षा की कल्पना क्यों न करें! बुझाये देती हूँ, कहने पर सहुआइन ने आगे बढ़कर आँचल की हवा से उसे बुझा दिया। बेचारी को भय था कि मैं शहराती शिष्टाचार हीनता के कारण कहीं फूँक से ही न बुझा बैठूँ।

कितनी देर तक मैं अन्धकार में बैठकर सोचती रही, यह स्मरण नहीं; पर जब मैं कुटी के बाहर आकर खड़ी हुई, तब रात ढल रही थी। निस्तब्धता से भीगी चाँदनी हलकी सफेद रेशमी चादर की तरह लहरों में सिमटी और बालू में फैली हुई थी।

मेरी पर्णकुटी के दो बरामदे चाँदनी से धुल गये थे—उनमें ठंडी जमीन, चादर, पुआल आदि पर जो सृष्टि सो रही थी, उसके बाह्य रूप और हृदय में इतना अन्तर क्यों है, यही मैं बार-बार सोच रही थी। उनके हृदय का संस्कार, उनकी स्वाभाविक शिष्टता, उनकी रस-विदग्धता, उनकी कर्मठता आदि का क्या इतना कम मूल्य है कि उन्हें जीवन-यापन की साधारण सुविधाएँ तक दुर्लभ हो जावें।

उन मानव-हृदयों में उमड़ते हुए भाव-समुद्र की जो स्पर्श-मधुर तरंग मुझे छू भर गई थी, उसी की स्मृति मेरे मानस-पट पर न जाने कितने विरोधी चित्र आँकने लगी।

कितने ही विराट् कवि-सम्मेलन, कितनी ही अखिल भारतीय कवि-गोष्ठियाँ मेरी स्मृति की धरोहर हैं। मन ने कहा—खोजो तो उनमें कोई इससे मिलता हुआ चित्र—और बुद्धि प्रयास में थकने लगी।

सजे हाल, ऊँचे मञ्च, माला-विभूषित सभापति मेरी स्मृति में उदय हो आये। उनके इधर-उधर देवदूतों के समान विराजमान कविगण रूप और मूल्य दोनों में अपूर्ण थे। कोई फर्स्ट क्लास का किराया लेकर थर्ड की शोभा बढ़ाता हुआ आया था। कोई अपने कार्यवश पहले ही से उस नगर में उपस्थित था; पर थोड़ा समय वहाँ बिताने

के लिए इतनी फीस चाहता था जिसमें आना-जाना और आवश्यक कार्य सम्पन्न होने के उपरान्त भी कुछ बच सके। किसी ने अपने काव्य की महार्घता बढ़ाने के लिए ही अपनी गलेबाजी का चौगुना मूल्य निश्चित किया था।

मूल्य से जो महत्ता नहीं व्यक्त हो सकी, वह वेशभूषा में प्रत्यक्ष थी। किसी के नये सिले सूट की अँगरेजियत, ताम्बूलराग की स्वदेशीयता में रञ्जित होकर निखर उठी थी। किसी का चीनांशुक का लहराता हुआ भारतीय परिधान, सिगरेट की धूमलेखाओं में उलझकर रहस्यमय हो रहा था। किसी के सिर के खड़े बाल अमामी से संगमूसा के चमकीले फर्श की भ्रान्ति उत्पन्न करते थे। किसी की सिल्की शैम्पू से धुली सीधी लटों का कृत्रिम कुञ्चन विधाता पर मनुष्य की विजय की घोषणा करता था।

कुछ प्राचीनतावादियों की कमी निर्निमेष खुली आँखें और कभी मीलित पलकें प्रकट करती थीं कि काव्य-रस में विश्वास न होने के कारण उन्हें विजया से सहायता माँगनी पड़ी है।

इन आश्चर्य-पुत्रों के सामने श्रोतागणों की जो समष्टि थी, वह मानो उनके चमत्कारवाद की परीक्षा लेने के लिए ही एकत्र हुई थी।

कचहरी में गवाही की पुकार के समान नामों की पुकार होती थी। कवियों में कोई मुस्कराता, कोई लजाता, कोई आत्मविश्वास से छाती फुलाता हुआ आगे आता। कोई पंचम, कोई षडज, कोई गान्धार और कोई सब स्वरों के अभाव में एक सानुनासिकता के साथ कलाबाजियों में काव्य को उलझा-उलझाकर श्रोताओं के सामने उपस्थित करता और 'वाह-वाह' के लिए सब ओर गर्दन घुमाता।

उनके इतने करतब पर भी दर्शक चमत्कृत होना नहीं जानते थे। कहीं से आवाज आती—कण्ठ अच्छा नहीं है। कोई बोल उठता—भाव भी बताते जाइए। किसी ओर से सुनाई पड़ता—बैठ जाइए। कोई धृष्ट श्रोता कवि से किसी उच्छृंखल शृंगारमयी रचना को सुनाने की फरमाइश करके महिलाओं की पलकों का झुकना देखता।

कवि भी हार न मानने की शपथ लेकर बैठते हैं। 'वह नहीं सुनना चाहते तो इसे सुनिए, यह मेरी नवीनतम कृति है, ध्यान से सुनिए' आदि-आदि कहकर वे पंडों की तरह पीछे पड़ जाते हैं। दोनों ओर से कोई भी न अपनी हार स्वीकार करने को प्रस्तुत होता है और न दूसरे को हराने का निश्चय बदलना चाहता है।

कभी-कभी आठ-आठ घंटे तक यह कवायद चलती रहती है; पर इतने दीर्घ

समय में ऐसे कुछ क्षण भी निकालना कठिन होगा, जिसमें कवि का भाव श्रोता में अपनी प्रतिध्वनि जगा सका हो और दोनों पक्ष, बाजीगर और तमाशबीन का स्वांग छोड़कर काव्यानन्द में एकत्व प्राप्त कर सके हों। कवि कहेगा ही क्या, यदि उसकी इकाई सब की इकाई बनकर अनेकता नहीं पा सकी और श्रोता सुनेंगे ही क्या, यदि उन सबकी विभिन्नताएँ कवि में एक नहीं हो सकीं।

जब यह समारोह समाप्त हो जाता है, तब सुनाने वाले निराश और सुनने वाले थके हुए-से लौटते हैं। उन पर काव्य का सात्त्विक प्रभाव कितना कम रहता है, इसे समझने के लिए उन सम्मेलनों का स्मरण पर्याप्त होगा, जिनसे लौटने वालों में कतिपय व्यक्ति संगीत-व्यवसायिनियों के गान में मन बहलाने में नहीं हिचकते।

भाव यदि मनुष्य की क्षुद्रता, दुर्भावना और विकृतियाँ नहीं बहा पाता, तब वह उसकी दुर्बलता बन जाता है। इसी से स्नेह, करुणा आदि के भाव हृदय की शक्ति बन सकते हैं और द्वेष, क्रोध आदि के दुर्भाव उसे और अधिक दुर्बल स्थिति में छोड़ जाते हैं।

ग्रामीण समाज अपने रस-समुद्र में व्यक्तिगत भेदबुद्धि और दुर्बलताएँ सहज ही डुबा देता है, इसी से इस भाव-स्नान के उपरान्त वह अधिक स्वस्थ रूप प्राप्त कर सकता है।

हमारे सभ्यता-दर्पित शिष्ट समाज का काव्यानन्द छिछला और उसका लक्ष्य सस्ता मनोरञ्जन मात्र रहता है, इसी से उसमें सम्मिलित होने वालों की भेदबुद्धि, एक दूसरे को नीचा दिखलाने के प्रयत्न और वैयक्तिक विषमताएँ और अधिक विस्तार पा लेती हैं। एक वह हिंडोला है, जिसमें ऊँचाई-नीचाई का स्पर्श भी एक आत्मविस्मृति में विश्राम देता है। दूसरा वह दंगल का मैदान है जिसका सम धरातल भी हार-जीत के दाँव-पेचों के कारण सतर्कता की भ्रान्ति उत्पन्न करता है।

इन सम्मेलनों की व्यर्थता का मुझे ज्ञान था; पर उसमें छिपी कदर्थना की अनुभूति उसी दिन सुलभ हो सकी। इसके कुछ वर्षों के उपरान्त तो वह स्थिति इतनी दुर्वह हो उठी कि मुझे शिष्ट सम्मेलनों से विदा ही लेनी पड़ी।

ख्याति के मध्याह्न में कवि के लिए, अपने प्रशंसकों और अपने बीच में ऐसा दुर्भेद्य परदा डाल लेना सहज नहीं होता। उस सरल जीवन की सात्त्विकता ने यदि दूसरे पक्ष की कृत्रिमता, इतनी कठिन रेखाओं में न आँक दी होती, तो मेरा विद्रोह इतना तीव्र न हो पाता। विशेषतः ऐसा करना तब और भी कठिन हो जाता है, जब आडम्बर के साथ अर्थ भी उपस्थित हो, क्योंकि अर्थ ही इस युग का देवता है।

कवि अपनी श्रोता-मण्डली में किन गुणों को अनिवार्य समझता है यह प्रश्न आज नहीं उठता; पर अर्थ की किस सीमा पर वह अपने सिद्धान्तों का बोझ फेंककर नाच उठेगा, इसका उत्तर सब जानते हैं। उसकी इच्छा अर्थ के क्षेत्र में जितनी मुक्त है, वह श्रोताओं की इच्छा का उतना ही अधिक बन्दी है।

जिस दरिद्र समाज ने इस व्यावसायिक आस्था के सम्बन्ध में मुझे नास्तिक बना दिया, उसे अब तक मेरी ओर से धन्यवाद भी नहीं मिल सका।

जब ठकुरी बाबा और उनके साथी वसन्तपंचमी का स्नान करके चले गये, तब जीवन में पहली बार मुझे कोलाहल का अभाव अखरा। तब से अनेक माघमेलों में मैंने उन्हें देखा है। कितनी ही बार नाव पर या तट पर उनकी भगत का आयोजन हुआ, कितनी ही बार उन्होंने खिचड़ी, बाजरे के पुए आदि व्यंजनों से मेरा सत्कार किया और कितनी ही बार अपने जीवन का आख्यान सुनाया।

मैंने उनसे अधिक सहृदय व्यक्ति कम देखे हैं। यदि यह वृद्ध यहाँ नं होकर हमारे बीच में होता, तो कैसा होता, यह प्रश्न भी मेरे मन में अनेक बार उठ चुका है; पर जीवन के अध्ययन ने मुझे बता दिया है कि इन दोनों समाजों का अन्तर मिटा सकना सहज नहीं। उनका बाह्य जीवन दीन है और हमारा अन्तर्जीवन रिक्त। उस समाज में विकृतियाँ व्यक्तिगत हैं; पर सद्भाव सामूहिक रहते हैं। इसके विपरीत हमारी दुर्बलताएँ समष्टिगत हैं; पर शक्ति वैयक्तिक मिलेगी।

ठकुरी बाबा अपने समाज के प्रतिनिधि हैं, इसी से उनकी सहृदयता वैयक्तिक विचित्रता न होकर ग्रामीण जीवन में व्याप्त सहृदयता को व्यक्त करती है। हमारे समाज में उनकी दो ही स्थितियाँ सम्भव थीं। यदि उनमें दुर्बलताओं का प्राधान्य होता, तो वे इस समाज का प्रतिनिधित्व करते और यदि शक्ति का प्राधान्य होता, तो अपवाद की कोटि में आ जाते।

इधर दो वर्ष से ठकुरी बाबा माघ मेले में नहीं आ रहे हैं। कभी-कभी इच्छा होती है कि सैदपुर जाकर खोज करूँ, क्योंकि वहाँ से 33 मील पर उनका गाँव है। उनके कुछ पद मैंने लिख रखे हैं, जिन्हें मैं अन्य ग्रामगीतों के साथ प्रकाशित करने की इच्छा रखती हूँ। यदि ठकुरी बाबा से भेंट हो गई तो यह संग्रह और भी अच्छा हो सकेगा।

'यदि भेंट न हो' यह प्रश्न हृदय के किसी कोने में उठता है अवश्य, पर मैं उससे आगे बढ़ने नहीं देती। ठकुरी बाबा जैसे व्यक्ति कहीं अपनी धरती का मोह छोड़ सकते हैं!

पिछली बार जब वे आये थे, तब कुछ शिथिल जान पड़ते थे। हाथ दृढ़ता के साथ चिकारा थामता था; पर उँगलियाँ तार के साथ काँपती थीं। पैर विश्वास के साथ पृथ्वी पर पड़ते थे; पर पिंडलियों की थरथराहट गति को डगमग कर देती थी। कण्ठ में पहले जैसा ही लोच था; पर कफ की घरघराहट उसे बेसुरा बनाती रहती थी। आँखों में ममता का वही आलोक था; पर समय ने अपनी छाया डालकर उसे धुँधला कर दिया था। मुख पर वैसी ही उन्मुक्त हँसी का भाव था; पर मानो धीरे-धीरे साथ छोड़नेवाले दाँतों को याद रखने के लिए ओठों ने अपने ऊपर स्मृति की रेखाएँ खींच ली थीं।

व्यक्ति समय के सामने कितना विवश है। समय को स्वीकृति देने के लिए भी शरीर को कितना मूल्य देना पड़ता है?

तब ठकुरी बाबा की मौसी विदा ले चुकी थी। उनकी उपस्थिति ठकुरी बाबा के लिए इतनी स्वाभाविक हो गई थी कि अभाव की अस्वाभाविकता ने उन्हें एकदम चकित कर दिया होगा। एक बार भी उनके परिचय की सीमा में आ जाने वाला व्यक्ति ठकुरी बाबा का आत्मीय बन जाता है, तब जो इतने वर्षों तक आत्मीय रहा हो, उसके महत्त्व के सम्बन्ध में क्या कहा जावे। मौसी के अभाव में ठकुरी बाबा के हृदय में एक और चिन्ता भी जगा दी हो, तो आश्चर्य नहीं। ऐसे ही एक दिन उनका अभाव बेला को सहना पड़ेगा और तब वह किस प्रकार जीवन की व्यवस्था करेगी, यह सोचना स्वाभाविक कहा जायेगा; पर वे अपनी चिन्ता को व्यक्त कम होने देते थे।

उनके स्वास्थ्य के सम्बन्ध में प्रश्न करने पर उत्तर मिला—'अब चला चली कै बिरिया नियराय आई है बिटिया रानी! पाके पातन की भली चलाई। जौन दिन झरि जायँ तौन दिन सही।'

मैंने हँसी में कहा—'तुम स्वर्ग में कैसे रह सकोगे बाबा! वहाँ तो न कोई तुम्हारे कूट पद और उलटवासियाँ समझेगा और न आल्हा-ऊदल की कथा सुनेगा। स्वर्ग के गन्धर्व और अप्सराओं में तुम कुछ न जँचोगे।'

ठकुरी बाबा का मन प्रसन्न हो गया। कहने लगे—'सो तो हम जानित है बिटिया! हम उहाँ अस सोर मचाउब कि भगवान्‌जी पुन धरती पर ढनकाय देहैं। हम फिर धान रोपब, कियारी बनाउब, चिकारा बजाउब और तुम पचै का आल्हा-ऊदल की कथा सुनाउब। सरग हमका न चाही, मुदा हम दूसर नवा सरीर माँगे बरै जाब जरूर। ई ससुर तौ बनाय कै जरजर हुइगा'—और वे गा उठे—

चलत प्रान काया काहे रोई राम।

उस कल्पवास की पुनरावृत्ति न हो सकी। सम्भव है, वे नया शरीर, माँगने चले गये हों; पर धरती से उनका प्रेम इतना सच्चा, जीवन से उनका सम्बन्ध ऐसा अटूट है कि उनका कहीं और रहना सम्भव ही नहीं जान पड़ता। अथर्व के जो गायक अपने-आपको धरती का पुत्र कहते थे; ठकुरी बाबा उन्हीं के सजातीय कहे जा सकते हैं। इनके लिए जीवन धरती का वरदान, काव्य उसके सौन्दर्य की अनुभूति, प्रेम उसके आकर्षण की गति और शक्ति उसकी प्रेरणा का नाम है। ऐसे व्यक्ति मुक्ति की ऊँची-से-ऊँची कल्पना को दूब में खिले, नीचे-से-नीचे फूल पर न्यौछावर कर दें, तो आश्चर्य नहीं। ठकुरी बाबा की कथा लिखते-लिखते रात ढल गई—जाती हुई चाँदनी के पीछे आता हुआ प्रभात का धूमिल आभास ऐसा लगता है; मानो उसी की छाया हो।

किसी अलक्ष्य महाकवि के प्रथम जागरण-छन्द के समान पक्षियों का कलरव नींद की निस्तब्धता पर फैल रहा है। रात की गहरी निस्पन्द नींद से जागे हुए वृक्षों के दीर्घ निश्वास के समान समीर बह रही है। और ऐसे समय में मेरी स्मृति ने मुझे भी किसी अतीतकाल के प्रभात में जगा दिया है। जान पड़ता है ठकुरी बाबा गंगा-तट पर बैठकर तन्मय भाव से प्रभाती गा रहे हैं—'जागिए कृपानिधान पंछी बन बोले।'

अपनी प्रभाती से वे किसे जगाते हैं, यह कहना कठिन है।

□□

छः

मेरी शहराती बरेठिन मुझे जिज्जी कहती है और उसका लड़का दमड़ी पुकारता है मौसीजी।

नागरिक समाज इसे छोटा काम करने वालों की बड़ी धृष्टता भी कह सकता है; पर मुझे कभी ऐसा नहीं लगता। सम्भवतः इसका कारण मेरे संस्कार हों। अपनी और अपने पिता की ग्रामीण ननसाल में मुझे बूढ़ी नाइन को बदामो नानी, बूढ़े बरेठा को ननकू दादा कहकर पुकारना पड़ता था। वहाँ कोई छोटा-से-छोटा काम करने वाला भी इतना अभागा नहीं होता कि बड़े काम करने वालों से ऐसे पारिवारिक सम्बोधन न पा सके। इसी विशेषता के कारण वहाँ नागरिक अर्थ-व्यवसाय को प्रधानता नहीं मिलती।

बरेठा रोकने पर भी हठ करके प्रतिदिन मेरे उतारे हुए फ्राक, कुरते आदि बटोर ले जाता और धोकर दूसरे ही सबेरे दे जाता। नाइन नित्य ही तेल-उबटन लेकर आ उपस्थित होती और मेरे रोने-मचलने पर ध्यान न देकर स्नान-क्रिया के सभी विधान सम्पन्न कर जाती। ग्वालिन मेरे लिए मक्खन रखकर ही सन्तुष्ट न होती, वरन् मना-मनाकर मुझे थोड़ा-सा खिलाने में भी घंटों बिता देती। मेरे लिए फूलों के गहने, पंखे आदि बना लानेवाली रम्मो मालिन की शिक्षा कितनी सफल हुई है, इसका पता तब चलता है, जब आज मेरे पुष्प-रचना की प्रशंसा होती है।

एक परिवार की नातिन या पोती होकर मैं सारे गाँव की बन बैठती थी। मेरे काम के लिए कुछ लेना तक उन्हें स्वीकार न था। पर माँ का नया लहरिया पसन्द आ जाने पर ग्वालिन मुनिया मौसी उनका आँचल पकड़ कर इतना मचलती कि उन्हें

उसी समय उतारकर दे देना पड़ता था। मालिन रम्मो बुआ तो लाख की चूड़ियों का डेढ़ रुपयेवाला जोड़ा बिना पहने मेंहदी पीसने ही न बैठती थी।

मेरे कनछेदन, वर्षगाँठ जैसे उत्सवों में बदामो नानी तब तक नाचने के लिए खड़ी ही न होती थी, जब तक नानी अपने बक्स ने गुलबदन का लहँगा या चिकन के काम का दुपट्टा न निकाल देतीं। होली के दिन बाबा के चपकन, खूँटी से उतरकर ननकू दादा के शरीर पर पहुँच गई है, यह तब पता चलता, जब वे गाँव भर में होली खेल चुकते। परिवार के यह सम्बन्ध किसी विशेष व्यक्ति या पीढ़ी तक सीमित नहीं थे। दोनों ही पक्षों की कई गत-आगत पीढ़ियाँ इस स्नेह-सम्बन्ध का निर्वाह कर चुकी हैं और कर रही हैं।

मेरे स्वभाव का यह संस्कार नागरिक जीवन में भी मिट न पाया, तो स्वाभाविक ही कहा जायेगा; पर इन लोगों ने उसे कैसे भाँप लिया, यह बताना कठिन है।

एक युग से अधिक समय की अवधि में मेरे पास एक ही परिचारक, एक ही ग्वाला, एक ही धोबी और एक ही ताँगेवाला रहा है। परिवर्तन का कारण मृत्यु के अतिरिक्त और कुछ हो सकता है, इसे न वे जानते हैं, न मैं।

दमड़ी की माँ तब से मेरे कपड़े धोती आ रही है, जब मैं विद्यार्थिनी थी। उसके कई बच्चे मर चुके थे, इसी से अपने दुर्ग्रह को धोखा देने के लिए उसने लड़के को, जन्म लेते ही सूप में रखकर एक पड़ोसिन के हाथ एक दमड़ी में बेच दिया। छट्ठी के दिन वह पाँच में खरीदा गया और इस क्रय-विक्रय को चिरस्मरणीय बनाने के लिए उसकी माँ ने पुत्र का नाम दमड़ीलाल रख दिया। अब इसे चाहे ब्रह्मा की भ्रान्ति कहिये; चाहे दमड़ी की शक्ति; पर यह सत्य है कि वह मृत्यु की घाटी पार कर आया। दमड़ी अब बड़ा हो गया है—ब्याह-गौना भी हो चुका है; पर वह लड़कपन से बाज नहीं आता। मेरे आँगन में तनकर बैठता है और चौके में काम करती हुई भक्तिन को पुकारकर कहता है—'भगतिन अम्मा, हमहूँ चाय पीये जानित है—मौसीजी के खारित बनाई होय तो तनिक-सी हमहूँ का मिल जाय।'

भक्तिन के गोल नथुने कुछ फैल जाते हैं, भृकुटियाँ कुछ कुञ्चित हो उठती हैं, माथे पर खिंची रेखाएँ सिमटने लगती हैं और ओठों के आसपास बिखरी झुर्रियाँ उलझ जाती हैं; पर वह उसे चाय देती है अवश्य। हाँ, यह सत्य है कि गिलास वही ढूँढ़ निकालती है, जिसकी मुरादाबादी कलई के भीतर से पीतल झाँकने लगा है। चाय मिल जाने पर भी दमड़ी उसका पीछा नहीं छोड़ता। विशेष अनुनय से पूछता है—'का मौसीजी नासता-उसता न करिहैं? होय तो तनिक उहो दै डारो भगतिन अम्मा! हम

ई सब अन्तै कहाँ पाउब! रामधई अम्मा! तुम्हरी बनाई चाय तौ हम बिना गुड़-सक्कर पी सकित है। अस मिठात है तुम्हारे हाथन की चीज, कि अब का बताई! अबकी हम तुम्हार धोतिया बगुला के पाँख अस उज्जर कर लाउब।'

आँगन में गठरी पर बैठकर बिना कलई के मुरादाबादी गिलास में भक्तिन की बनाई हुई चाय पीनेवाले साहब को देखकर हँसी रोकना कठिन हो जाता है।

कम कपड़े ले जाने पर धुलाई कम मिलती है, इसी से वे दोनों मेरे साफ कपड़े तक गठरी में बाँध कर चल देते हैं। 'यह तौलिया तो सबेरे ही निकाली है' कहने पर बेटा उत्तर देता है—'ई छोर तो माटी माँ सौंद गा है मौसी जी! दुसरी ओर हम चबैना बाँध ले जाब!' 'यह धोती तो कल ही पहनी हैं' कहने पर माँ पूछती है—'एक दिन हमहूँ पहिर लेब तौ कौनिउ नागा है जिज्जी?'

अब मौसीजी करें तो करें क्या? साफ तौलिया में दमड़ी को चबेना बाँध कर ले जाना है, धुली धोती उसकी माई को पहनना है; पर दाम देना पड़ेगा मौसीजी को।

इस अन्याय के विरुद्ध मुझे कुछ कहना चाहिए; पर अचानक ही मेरे मानस-पट पर उदय हो आने वाले दो स्मृति-चित्र, शब्दों को कण्ठ से ओठों तक आने ही नहीं देते। उनकी रेखाएँ समय ने फीकी कर दी हैं; पर उनमें भरा हुआ विषाद का रंग, न उससे धुल सका है, न धूमिल हो सकता है।

कभी-कभी किसी दृश्य, चित्र या व्यक्ति को देखकर हमें उसका विरोधी दृश्य, चित्र या व्यक्ति स्मरण हो आता है। मुझे भी इन हँसोड़, प्रसन्न और बात-बात पर उलझने वाले माँ-बेटों को देखकर बिबिया और उसकी माई याद आ जाती है।

अपने जीवनवृत्त के विषय में बिबिया की माई ने कभी कुछ बताया नहीं, किन्तु उसके मुख पर अंकित विवशता की भंगिमा, हाथों पर चोटों के निशान, पैर का अस्वाभाविक लँगड़ापन देखकर अनुमान होता था कि उसका जीवन-पथ सुगम नहीं रहा।

मद्यप और झगड़ालू पति के अत्याचार भी सम्भवतः उसके लिए इतने आवश्यक हो गये थे कि उनके अभाव में उसे इस लोक में रहना पसन्द न आया। माँ-बाप के रहने पर बालिका की स्थिति कुछ अनिश्चित-सी हो गई। घर बड़ा भाई कन्हई, भौजाई और दादी थी। दादी बूढ़ी होने के कारण पोती की किसी भी त्रुटि को कभी अक्षम्य मानती थी, कभी नगण्य। ननद-भौजाई के सम्बन्ध में परम्परागत वैषम्य था और बीच के कई भाई-बहिन मर जाने के कारण सबसे बड़े भाई और सबसे छोटी बहिन में अवस्था का इतना अन्तर था कि वे एक-दूसरे के साथी नहीं हो सकते थे।

सम्भवतः सहानुभूति के दो-चार शब्दों के लिए ही बिबिया जब-तब मेरे पास आ पहुँचती थी। उसकी माँ मुझे दिदिया कहती थी। बेटी मौसीजी कहकर उसी सम्बन्ध का निर्वाह करने लगी।

साधारणतः धोबियों का रंग साँवला पर मुख की गठन सुडौल होती है। बिबिया ने गेहुएँ रंग के साथ यह विशेषता पाई थी। उस पर उसका हँसमुख स्वभाव उसे विशेष आकर्षण दे देता था। छोटे-छोटे सफेद दाँतों की बत्तीसी निकली ही रहती थी। बड़ी आँखों की पुतलियाँ मानो संसार का कोना-कोना देख आने के लिए चञ्चल रहती थीं। सुडौल गठीले शरीरवाली बिबिया को धोबिन समझना कठिन था; पर थी वह धोबिनों में भी सबसे अभागी धोबिन।

ऐसी आकृति के साथ जिस आलस्य या सुकुमारता की कल्पना की जाती है, उसका बिबिया में सर्वथा अभाव था। वस्तुतः उसके समान परिश्रमी खोजना कठिन होगा। अपना ही नहीं, वह दूसरों का काम करके भी आनन्द का अनुभव करती थी। दादी की मुट्ठी से झाड़ू खींचकर वह घर-आँगन बुहार आती, भौजाई के हाथ से लोई छीनकर वह रोटी बनाने बैठ जाती और भाई की उँगलियों से भारी इस्त्री छुड़ाकर वह स्वयं कपड़ों की तह पर इस्त्री करने लगती। कपड़ों में सज्जी लगाना, भट्ठी चढ़ाना, लादी ले जाना, कपड़े धोना-सुखाना आदि कामों में वह सबसे आगे रहती।

केवल उसके स्वभाव में अभिमान की मात्रा इतनी थी कि वह दोष की सीमा तक पहुँच जाती थी। अच्छे कपड़े पहनना उसे अच्छा लगता था और यह शौक ग्राहकों के कपड़ों से पूरा हो जाता था। गहने भी उसकी माँ ने कम नहीं छोड़े थे। विवाह-सम्बन्ध उसके जन्म से पहले ही निश्चित हो गया था। पाँचवें वर्ष में ब्याह भी हो गया; पर गौने से पहले ही वर की मृत्यु ने उस सम्बन्ध को तोड़कर, जोड़ने वालों का प्रयत्न निष्फल कर दिया। ऐसी परिस्थिति में, जिस प्रकार उच्च वर्ग की स्त्री का गृहस्थी बसा लेना कलंक है, उसी प्रकार नीच वर्ग की स्त्री का अकेला रहना सामाजिक अपराध है।

कन्हई यमुना-पार देहात में रहता था; पर बहन के लिए उसने, इस पार शहर का धोबी ढूँढ़ा। एक शुभ दिन पुराने वर का स्थानापन्न अपने सम्बन्धियों को लेकर भावी ससुराल पहुँचा। एक बड़े डेग में मांस बना और बड़े कड़ाह में पूरियाँ छनीं। कई बोतलें ठर्रा शराब आई और तब तक नाच-रंग होता रहा, जब तक बराती-घराती सब औंधे मुँह न लुढ़क पड़े।

नई ससुराल पहुँच जाने के बाद कई महीने तक बिबिया नहीं दिखाई दी। मैंने समझा कि नई गृहस्थी बसाने में व्यस्त होगी।

कुछ महीने बाद अचानक एक दिन मैले-कुचैले कपड़े पहने हुए बिबिया आ खड़ी हुई। उसके मुख पर झाईं आ गई थी और शरीर दुर्बल जान पड़ता था; पर न आँखों में विषाद के आँसू थे, न ओठों पर सुख की हँसी। न उसकी भावभंगिमा में अपराध की स्वीकृति थी और न निरपराधी की न्याय-याचना। एक निर्विकार उपेक्षा ही उसके अंग-अंग से प्रकट हो रही थी।

जो कुछ उसने कहा उसका आशय था कि वह मेरे कपड़े धोयेगी और भाई के ओसारे में अलग रोटी बना लिया करेगी। धीरे-धीरे पता चला कि उसके घरवाले ने उसे निकाल दिया है। कहता है, ऐसी औरत के लिए मेरे घर में जगह नहीं—चाहे भाई के यहाँ पड़ी रहे, चाहे दूसर घर कर ले।

चरित्र के लिए ही बिबिया को यह निर्वासन मिला होगा, यह सन्देह स्वाभाविक था; पर मेरा प्रश्न उसकी उदासीनता के कवच को भेदकर मर्म में इस तरह चुभ गया कि वह फफककर रो उठी—'अब आपहु अस सोचे लागीं मौसीजी! मइया तो सरगै गई, अब हमार नइया कसत पार लगी!

उसका विषाद देखकर ग्लानि हुई; पर उसकी दादी से सब इतिवृत्त जानकर मुझे अपने ऊपर क्रोध हो आया। रमई के घर जाकर बिबिया ने गृहस्थी की व्यवस्था के लिए कम प्रयत्न नहीं किया; पर वह था पक्का जुआरी और शराबी। यह अवगुण तो सभी धोबियों में मिलते हैं; पर सीमातीत न होने पर उन्हें स्वाभाविक मान लिया जाता है।

रमई पहले ही दिन बहुत रात गये नशे में धुत घर लौटा। घर में दूसरी स्त्री न होने के कारण नवागत बिबिया को ही रोटी बनानी पड़ी। वह विशेष यत्न से दाल, तरकारी बनाकर रोटी सेंकने के लिए आटा साने उसकी प्रतीक्षा कर रही थी। रमई लड़खड़ाता हुआ घुसा और उसे देख ऐसी घृणास्पद बातें बकने लगा कि वह धीरज खो बैठी। एक तो उसके मिजाज में वैसे ही तेजी अधिक थी, दूसरे यह तो अपने घर में अपने पति से मिला अपमान था। बस वह जलकर कह उठी—'चिल्लू भर पानी माँ डूब मरौ। ब्याहता मेहरारू से अस बतियात हौ जानौ बेसवा के आये होयँ—छी-छी।'

नशे में बेसुध होने पर भी पति ने अपने आपको अपमानित अनुभव किया—दाँत निपोर और आँखें चढ़ाकर उसने अवज्ञा से कहा—'ब्याहता! एक तो भच्छ लिहिन अब दूसर के घर आई हैं, सत्ती छीता बनै खारित—धन भाग—परनाम पाँलागी।'

क्रोध न रोक सकने के कारण बिबिया ने चिमटा उठाकर उस पर फेंक दिया। बचने के प्रयास में वह लटपटाकर औंधे मुँह गिर पड़ा और पत्नी ने भीतर की अँधेरी कोठरी में घुसकर द्वार बन्द कर लिया। सबेरे जब वह बाहर निकली, तब घरवाला बाहर जा चुका था।

फिर यह क्रम प्रतिदिन चलने लगा। शराब के अतिरिक्त उसे जुए का भी शौक था, जो शराब की लत से भी बुरा है। शराबी होश में आने पर मनुष्य बन जाता है; पर जुआरी कभी होश में आता ही नहीं, अतः उसके सम्बन्ध में मनुष्य बनने का प्रश्न उठता ही नहीं।

रमई के जुए के साथी अनेक वर्गों से आये थे। कोई काछी था, तो कोई मोची; कोई जुलाहा था, तो कोई तेली।

हार-जीत की वस्तुएँ भी विचित्र होती थीं। कपड़ा, जूता, रुपया-पैसा, बर्तन आदि में से जो हाथ में आया, वही दाँव पर रख दिया जाता था। कोई किसी की घरवाली की हँसुली जीत लेता और कोई किसी की पतोहू के झुमके। कोई अपनी बहन की पहुँची हार जाता था और कोई नातिन के कड़े। सारांश यह कि जुए के पहले चोरी-डकैती की आवश्यकता भी पड़ जाती थी।

एक बार रमई के जुए के साथी मियाँ करीम ने गुलाबी आँखें तरेर कर कहा— 'अरे दोस्त, तुम तो अच्छी छोकरी हथिया लाये हो। उसी को दाँव पर क्यों नहीं रखते? किस्मतवर होगे, तो तुम्हारे सामने रुपये-पैसे का ढेर लग जायेगा, ढेर!' इस प्रस्ताव का सबने मुक्तकण्ठ से समर्थन किया। रमई बिबिया को रखने के लिए प्रस्तुत भी हो गया; पर न जाने उसे चिमटा स्मरण हो आया या लुआठी कि वह रुक गया। बहाना बनाया—आज तो रुपया गाँठ में है, न होगा तो मेहरारू और किस दिन के लिए होती है।

बिबिया तक यह समाचार पहुँचते देर न लगी। उस जैसी अभिमानिनी स्त्री के लिए यह समाचार पलीते में आग के समान हो गया। दुर्भाग्य से उसने एक दिन करीम मियाँ को अपने द्वार पर देख लिया। बस फिर क्या था—भीतर से तरकारी काटने का बड़ा चाकू निकालकर और भौंहें टेढ़ी कर उसने उन्हें बता दिया कि रमई के ऐसी हरकत करने पर वह उन दोनों के पेट में यही चाकू भोंक देगी। फिर चाहे उसे कितना ही कठोर दण्ड क्यों न मिले; पर वह ऐसा करेगी अवश्य। वह ऐसी गाय-बछिया नहीं है, जिसे चाहे कसाई के हाथ बेच दिया जावे, चाहे वैतरणी पार उतरने के लिए महाब्राह्मण को दान कर दिया जावे।

करीम मियाँ तो सन्न रह गये; पर दूसरे दिन जुए के साथियों के सामने उन्होंने रमई से कहा—'लाहौल बिला कूबत, शरीफ आदमी के घर ऐसी औरत! मुई बिलोचिन की तरह बात-बात पर छूरा-चाकू दिखाती है। किसी दिन वह तुम पर भी वार करेगी बच्चू! सँभले रहना। घर में कजा को बैठाकर चैन की नींद ले रहे हो।'

लखना अहीर सिर हिला-हिलाकर गम्भीर भाव से बोला—'मेहरुअन अब मनसेधुअन का मारै बरै घूमती हैं, राम राम। अब जानौ कलजुग परगट दिखाय लागा!' महँगू काछी शास्त्रज्ञान का परिचय देने लगा—'ऊ देखौ छीता रानी कस रहीं। उइ निकार दिहिन तऊ न बोलीं। बिचारिउ बेटवन का लै के झारखंड माँ परी रहीं।' खिलावन तेली ने समर्थन किया—'उहै तो सत्ती सतवन्ती कही गई हैं! उनके बरै तो धरती माता फाटि जाती रहीं। ई सबका खाय कै सत्ती हुई हैं!'

रमई बेचारा कुछ बोल ही न सका। उसकी पत्नी की गणना सतियों में नहीं हो सकती, यह क्या कुछ कम लज्जा की बात थी। इस लज्जा और ग्लानि का भार वह उठा भी लेता, पर रात-दिन भय की छाया में रहना तो दुर्वह था। जो स्त्री चाकू निकालते हुए नहीं डरती, वह क्या उसके उपयोग में डरेगी? रमई बेचारा सचमुच इतना डर गया कि पत्नी की छाया से बचने लगा। इसी प्रकार कुछ दिन बीते; पर अन्त में रमई ने साफ-साफ कह दिया कि वह बिबिया को घर में नहीं रखेगा। पंच-परमेश्वर भी उसी के पक्ष में हो गये; क्योंकि वे सभी रमई के समानधर्मी थे। यदि उनके घर में ऐसी विकट स्त्री होती, जिसके सामने वे शराब पीकर जा सकते थे, न जुआ खेलकर, तो उन्हें भी यही करना पड़ता।

निरुपाय बिबिया घर लौट आई और सदा के समान रहने लगी। भौजाई के व्यंग्य उसे चुभते नहीं थे, यह कहना मिथ्या होगा; पर दादी के आँचल में आँसू पोंछने भर के लिए स्थान था। वह पहले से चौगुना काम करती। सबसे पहले उठती और सबके सो जाने पर सोती। न अच्छे कपड़े पहनती, न गहने। न गाती-बजाती, न किसी नाच-रंग में शामिल होती। पति के अपमान ने उसे मर्माहत कर दिया था; पर जात-बिरादरी में फैली बदनामी उसका जीना ही मुश्किल किये दे रही थी। ऐसी सुन्दर और मेहनती स्त्री को छोड़ना सहज नहीं है, इसी से सबने अनुमान लगा लिया कि उसमें गुणों से भारी कोई दोष होगा।

कन्हई ने एक बार फिर उसका घर बसा देने का प्रयत्न किया।

इस बार उसने निकटवर्ती गाँव में रहनेवाले एक विधुर अधेड़ और पाँच बच्चों के बाप को बहनोई-पद के लिए चुना।

पर बिबिया ने बड़ा कोलाहल मचाया। कई दिन अनशन किया। कई घंटे रोती रही। 'दादा अब हम न जाब। चाहे मूड़ फोरि कै मर जाब, मुदा माई-बाबा कर देहरिया न छाँड़ब' आदि-आदि कहकर उसने कन्हई को निश्चय से विचलित करना चाहा; पर उसके सारे प्रयत्न निष्फल हो गये। भाई के विचार में युवती बहिन को घर में रखना, आपत्ति मोल लेना था। कहीं उसका पैर ऊँचे-नीचे पड़ गया, तो भाई का हुक्का-पानी बन्द हो जाना स्वाभाविक था। उसके पास इतना रुपया भी नहीं था, जिससे पंचदेवताओं की पेट-पूजा करके जात-बिरादरी में मिल सके।

अन्त में बिबिया की स्वीकृति उदासीनता के रूप में प्रकट हुई। किसी ने उसे गुलाबी धोती पहना दी, किसी ने आँखों में काजल की रेखा खींच दी और किसी ने परलोकवासिनी सपत्नी के कड़े-पछेली से हाथ-पाँव सजा दिये। इस प्रकार बिबिया ने फिर ससुराल की ओर प्रस्थान किया।

जब एक वर्ष तक मुझे उसका कोई समाचार न मिला, तब मैंने आश्वस्त होकर सोचा कि वह जंगली लड़की अब पालतू हो गई।

मैं ही नहीं, उसके भाई, भौजाई, दादी आदि सम्बन्धी भी जब कुछ निश्चिंत हो चुके, तब एक दिन अचानक सुना कि वह फिर नैहर लौट आई है। इतना ही नहीं, इस बार उसके कलंक की कालिमा और अधिक गहरी हो गई थी; पर मेरे पास वह कुछ कहने-सुनने नहीं आई। पता चला, वह न घर का ही कोई काम करती थी और न बाहर ही निकलती। घर की उसी अँधेरी कोठरी में, जिसके एक कोने में गधे के लिए घास भरी थी और दूसरे में ईंधन-कोयले का ढेर लगा था, वह मुँह लपेटे पड़ी रहती थी। बहुत कहने-सुनने पर दो कौर खा लेती, नहीं तो उसे खाने-पीने की भी चिन्ता नहीं रहती।

यह सब सुनकर चिन्तित होना स्वाभाविक ही कहा जायेगा। मन के किसी अज्ञात कोने से बार-बार सन्देह का एक छोटा-सा मेघ-खण्ड उठता था। और धीरे-धीरे बढ़ते विश्वास की सब रेखाओं पर फैल जाता था। बिबिया क्या वास्तव में चरित्रहीन है? यदि नहीं, तो वह किसी घर में आदर का स्थान क्यों नहीं बना पाती? उससे रूप-गुण में बहुत तुच्छ लड़कियाँ भी अपना-अपना संसार बसाये बैठी हैं। इस अभागी में ही ऐसा कौन-सा दोष है, जिसके कारण इसे कहीं हाथ-भर जगह तक नहीं मिल सकती?

इसी तर्क-वितर्क के बीच में बिबिया की दादी आ पहुँची और धुँधली आँखों को फटे आँचल के कोने से रगड़-रगड़ कर पोती के दुर्भाग्य की कथा सुना गई।

बिबिया के नवीन पति की दो पत्नियाँ मर चुकी थीं। पहली अपनी स्मृति के रूप में एक पुत्र छोड़ गई थी, जो नई विमाता के बराबर या उससे चार-छः मास बड़ा ही होगा। दूसरी की धरोहर तीन लड़कियाँ हैं, जिनमें बड़ी नौ वर्ष की और सबसे छोटी तीन वर्ष की होगी।

झनकू ने छोटे बच्चों के लिए ही तीसरी बार घर बसाया था। वधू के प्रति भी उसका कोई विशेष अनुराग है, यह उसके व्यवहार से प्रकट नहीं होता था। वह सबेरे ही लादी लेकर और रोटी बाँधकर घाट चला जाता और सन्ध्या समय लौटता। फिर शाम को गठरी उतार कर और गधे को चरने के लिए छोड़ कर घर से निकलता तो ग्यारह बजे से पहले लौटने का नाम न लेता।

सुना जाता था कि उसका अधिकांश समय उसी पासी-परिवार में बीतता है, जिसके साथ उसकी घनिष्ठता के सम्बन्ध में विविध मत थे।

जाति-भेद के कारण वह उस परिवार के साथ किसी स्थायी सम्बन्ध में नहीं बँध सका था और अपनी अभियोगहीन पत्नियों और अपने अच्छे स्वभाव के कारण पंच-परमेश्वर के दण्ड-विधान की सीमा से बाहर रह गया था।

पासी शहर में किसी सम्पन्न गृहस्थ का साईस हो गया था पर उसकी घरवाली के हृदय में सास-ससुर के घर के प्रति अचानक ऐसी ममता उमड़ आई कि वह उस देहली को छोड़कर जाना अधर्म की पराकाष्ठा मानने लगी।

झनकू को अपने लिए न सही; पर अपनी सन्तान की देख-रेख के लिए तो एक सजातीय गृहिणी की आवश्यकता थी ही, किन्तु कोई धोबिन उसकी संगिनी बनने का साहस न कर सकी। रजक-समाज में बिबिया की स्थिति कुछ भिन्न थी। वह बेचारी अपकीर्ति के समुद्र में इस तरह आकण्ठ मग्न थी कि झनकू का प्रस्ताव उसके लिए जहाज बन गया।

इस प्रकार अपने मन को मुक्त रखकर भी झनकू बिबिया को दाम्पत्य-बन्धन में बाँध लाया। यह सत्य है कि वह नई पत्नी को कोई कष्ट नहीं देता था। उसे घाट ले जाना तक झनकू को पसन्द नहीं था, इसी से कूटना, पीसना, रोटी-पानी, बच्चों की देखभाल में ही गृहिणी के कौशल की परीक्षा होने लगी।

बिबिया पति के उदासीन आदर-भाव से प्रसन्न थी या अप्रसन्न, यह कोई कभी न जान सका, क्योंकि उसने घर और बच्चों में तन-मन से रम कर अन्य किसी भाव के आने का मार्ग ही बन्द कर दिया था।

सबेरे से आधी रात तक वह काम में जुटी रहती। फिर छोटी बालिकाओं में से

एक को दाहिनी और दूसरी को बाईं ओर लिटाकर टूटी खटिया पर पड़ते ही संसार की चिन्ताओं से मुक्त हो जाती। सबेरा होने पर कर्त्तव्य की पुरानी पुस्तक का नया पृष्ठ खुला ही रहता था।

कच्चे घर में दो कोठरियाँ थीं, जिनके द्वारा ओसारे में खुलते थे। इन कोठरियों को भीतर से मिलाने वाला द्वार कपाटहीन था। झनकू एक कोठरी में ताला लगा जाता था, जिससे रात में बिना किसी को जगाये भीतर आ सके।

पत्नी उसके लिए रोटियाँ रखकर सो जाती थी। भूखा लौटने पर वह खा लेता था, अन्यथा उन्हीं को बाँधकार सबेरे घाट की ओर चल देता था।

बिबिया के स्नेह के भूखे हृदय ने मानो अबोध बालकों की ममता से अपने-आपको भर लिया। नहलाना, चोटी करना, खिलाना, सुलाना आदि बच्चों के कार्य वह इतने स्नेह और यत्न से करती थी कि अपरिचित व्यक्ति उसे माता नहीं, परम ममतामयी माता समझ लेता था।

सन्तान के पालन की सुचारु व्यवस्था देखकर झनकू घर की ओर से और भी अधिक निश्चिन्त हो गया। नाज के घड़े खाली न होने देने की उसे जितनी चिन्ता थी, उतनी पत्नी के जीवन की रिक्तता भरने की नहीं।

यह क्रम भी बुरा नहीं था, यदि उसका बड़ा लड़का ननसार से लौट न आता। माँ के अभाव और पिता के उदासीन भाव के कारण वह एक प्रकार से आवारा हो गया था। तेल लगाना, कान में इत्र का फाहा खोंसना, तीतर लिये घूमना, कुश्ती लड़ना आदि उसके स्वभाव की ऐसी विचित्रताएँ थीं, जो रजक-समाज में नहीं मिलतीं।

धोबी जुआ खेलकर या शराब पीकर भी, न भले आदमी की परिभाषा के बाहर जाता है और न अकर्मण्यता या आलस्य को अपनाता है। उसे आजीविका के लिए जो कार्य करना पड़ता है, उसमें आलस्य या बेईमानी के लिए स्थान नहीं रहता। मजदूर, मजदूरी के समय में से कुछ क्षणों का अपव्यय करके या खराब काम करके बच सकता है; पर धोबी ऐसा नहीं कर पाता।

उसे ग्राहक को कपड़े ठीक संख्या में लौटाने होंगे, उजले धोने में पूरा परिश्रम करना पड़ेगा, कलफ-इस्त्री में औचित्य का प्रश्न न भूलना होगा। यदि वह इन सब कामों के लिए आवश्यक समय का अपव्यय करने लगे, तो महीने में चार खेप न दे सकेगा और परिणामतः जीविका की समस्या उग्र हो उठेगी। सम्भवतः इसी से कर्मतत्परता ऐसी सामान्य विशेषता है, जो सब प्रकार के भले-बुरे धोबियों में मिलती है। उसकी मात्रा में अन्तर हो सकता है; पर उसका नितान्त अभाव अपवाद हैं।

झनकू का लड़का भीखन ऐसा ही अपवाद था। पिता ने प्रयत्न करके एक गरीब धोबिन की बालिका से उसका गठबन्धन कर दिया था, किन्तु जामाता को सुधरते न देख उसने अपनी कन्या के लिए दूसरा कर्मठ पति खोजकर उसी के साथ गौने की प्रथा पूरी कर दी। इस प्रकार भीखन गृहस्थ भी न बन सका, सद्गृहस्थ बनने की बात तो दूर रही। पिता स्वयं इस स्थिति में नहीं था कि पुत्र को उपदेश दे सकता; पर अन्त में उसके व्यवहार से थककर उसने उसे निर्वासन का दण्ड दे डाला।

इस प्रकार विमाता के आने के समय वह नाना-नानी के घर रहकर तीतर लड़ाने और पतंग उड़ाने में विशेषज्ञता प्राप्त कर रहा था। पिता ने उसे नहीं बुलाया; पर विमाता की उपस्थिति ने उसे लौटने के लिए आकुल कर दिया।

एक दिन उसने डोरिया का कुरता और नाखूनी किनारे की धोती पहनकर बड़े यत्न से बुलबुलीदार बाल सँवारे। तब एक हाथ में तीतर का पिंजड़ा और दूसरे में, बहिनों के लिए खरीदी हुई लइयाकरारी की पोटली लिये हुए वह द्वार पर आ खड़ा हुआ। पिता घर नहीं था; पर विमाता ने सौतेले बेटे के स्वागत-सत्कार में त्रुटि नहीं होने दी। लोटे भर पानी में खाँड़ घोलकर उसे शर्बत पिलाया, दाल के साथ बैंगन का भर्ता बनाकर रोटी खिलायी और दूसरी कोठरी में खटिया बिछाकर उसके विश्राम की व्यवस्था कर दी।

पिता-पुत्र का साक्षात स्नेह-मिलन नहीं हो सका, क्योंकि एक ओर अनिश्चित आशंका थी और दूसरी ओर निश्चित अवज्ञा।

झनकू ने उसे स्पष्ट शब्दों में बता दिया कि भलेमानस के समान न रहने पर वह उसे तुरन्त निकाल बाहर करेगा। भीखन ने ओठ बिचका, आँख मिचका और अवज्ञा से मुख फेरकर पिता का आदेश सुन लिया पर भलेमानस बनने के सम्बन्ध में अपनी कोई स्वीकृति नहीं दी।

चरित्रहीन व्यक्ति दूसरों पर जितना सन्देह करता है, उतना सच्चरित्र नहीं। झनकू भी इसका अपवाद नहीं था। अब तक जिस पत्नी के लिए उसने रत्ती भर चिन्ता का कष्ट नहीं उठाया, उसी की पहरेदारी का पहाड़-सा भार वह सुख से ढोने लगा।

समय पर घर लौट आता, पुत्र पर कड़ी दृष्टि रखता और पत्नी के व्यवहार में परिवर्तन खोजता रहता; पर पिता की सतर्कता की अवज्ञा करके पुत्र विमाता के आसपास मँडराता रहता। जहाँ वह बर्तन माँजती, वहीं वह तीतर चुगाने बैठ जाता। जब वह कपड़े सुखाती, तभी बाहर नंगे बदन बैठकर मांसल हाथ-पैरों में तेल मलता। जिस समय वह पानी का घड़ा भरकर लौटती, उसी समय वह महुए के छतनार वृक्ष

की ओट में छिपकर गाता—'धीरै चलौ गगरी छलक न जाय।'

एक दिन रोटी खाते समय उसकी सरसता इस सीमा तक पहुँच गई कि विमाता जलती लुआठी चूल्हे से खींचकर बोली—'हम तोहार बाप कर मेहरारू अही। अब भाखा-कुभाखा सुनब तो तोहार पिठिया के चमड़ी न बची।'

विमाता के इस अभूतपूर्व व्यवहार से पुत्र लज्जित न होकर क्रुद्ध हो उठा। इस प्रकार के पुरुषों को अपनी नारी-मोहिनी विद्या का बड़ा गर्व रहता है। किसी स्त्री पर उस विद्या का प्रभाव न देखकर उनके दम्भ को ऐसा आघात पहुँचता है कि वे कठोर प्रतिशोध लेने में भी नहीं हिचकते।

विमाता के उपदेश की प्रतिक्रिया ने एक अकारण द्वेष को अंकुरित करके उसे पनपने की सुविधा दे डाली।

जहाँ तक बिबिया का प्रश्न था, वह पति के व्यवहार से विशेष सन्तुष्ट न होने पर भी उससे रुष्ट नहीं थी। अभिमानी व्यक्ति अवज्ञा के साथ मिले हुए अधिक स्नेह का तिरस्कार करके वीतरागता के साथ आदर-भाव को स्वीकार कर लेता है। झनकू ने पत्नी में अनुराग न रखने पर भी अन्य धोबियों के समान उसका अनादर नहीं किया। यह विशेषता बिबिया जैसी स्त्रियों के लिए स्नेह से अधिक मूल्य रखती थी, इसी से वह रोम-रोम से कृतज्ञ हो उठी। उसके क्रूर अदृष्ट ने यदि परिहास में 'यह सौतेला पुत्र' न भेज दिया होता; तो वह उसी घर में सन्तोष के साथ शेष जीवन बिता देती; पर उसके लिए इतना सुख भी दुर्लभ हो गया।

भीखन के व्यवहार में अब विमाता के प्रति ऐसा कृत्रिम घनिष्ठ भाव व्यक्त होने लगा कि वह आतंकित हो उठी। घर की शान्ति न भंग करने के विचार से ही उसने गृहस्वामी के निकट कोई अभियोग नहीं उपस्थित किया; पर अपने मौन के कठोर परिणाम तक उसकी दृष्टि नहीं पहुँच सकी।

पुत्र दूसरों के सामने विमाता की चर्चा चलते ही एक विचित्र लज्जा और मुग्धता का अभिनय करने लगा और उसके साथी उन दोनों के सम्बन्ध में दन्त-कथाएँ फैलाने लगे। घरों में धोबिनें, बिबिया के छल-छन्द की नीचता और अपने पातिव्रत की उच्चता पर टीका-टिप्पणी करके पतियों से हँसुली-कड़े के रूप में सदाचार के प्रमाण-पत्र माँगने लगीं। घाट पर झनकू की श्रवणसीमा में बैठकर धोबी अपने-आपको त्रियाचरित्र का ज्ञाता प्रमाणित करने लगे।

पत्नी के अनाचार और अपनी कायरता का ढिंढोरा पिटते देखकर झनकू का धैर्य सीमा तक पहुँच गया, तो आश्चर्य नहीं। एक दिन जब वह घाट से भरा हुआ

लौटा आ रहा था, तब मार्ग में लड़का मिल गया। बस झनकू ने आव देखा न ताव—गधा हाँकने की लकड़ी से ही वह उसकी मरम्मत करने लगा।

पुत्र ने सारा दोष विमाता पर डालकर अपनी विवशता का रोना रोया और अपने दुष्कृत्य पर लज्जित होने का स्वाँग रचा। इस प्रकार भीखन का प्रतिशोध-अनुष्ठान पूरा हुआ।

झनकू यदि चाहता, तो पत्नी से उत्तर माँग सकता था; पर उसे उसके दोष इतने स्पष्ट दिखाई देने लगे कि उसने इस शिष्टाचार की आवश्यकता ही नहीं समझी। बिबिया ने एक बार भी गहने-कपड़े के लिए हठ नहीं किया, वह एक दिन भी पति की स्नेहपात्री को द्वन्द्वयुद्ध के लिए ललकारने नहीं गई और वह कभी पति की उदासीनता का विरोध करने के लिए कोप-भवन में नहीं बैठी। इन त्रुटियों से प्रमाणित हो जाता था कि वह पति में अनुराग नहीं रखती और जो अनुरक्त नहीं, वह विरक्त माना जायेगा। फिर जो एक ओर विरक्त है, उसके किसी दूसरे ओर अनुरक्त होने को लोग अनिवार्य समझ बैठते हैं। इस तर्क-क्रम से जो दोषी प्रमाणित हो चुका हो, उसे सफाई देने का अवसर देना पुरस्कृत करना है। उसके लिए सबसे उत्तम चेतावनी दण्ड-प्रयोग ही हो सकता है।

उस रात प्रथम बार बिबिया पीटी गई। लात, घूँसा, थप्पड़, लाठी आदि का सुविधानुसार प्रयोग किया गया; पर अपराधिनी ने न दोष स्वीकार किया, न क्षमा माँगी और न रोई-चिल्लाई। इच्छा होने पर बिबिया लात-घूँसे का उत्तर बेलन-चिमटे से देने का सामर्थ्य रखती थी; पर वह झनकू का इतना आदर करने लगी थी कि उसका हाथ न उठ सका।

पत्नी के मौन को भी झनकू ने अपराधों की सूची में रख लिया और मारते-मारते थक जाने पर उसे ओसारे में ढकेल और किवाड़ बन्द कर वह हाँफता हुआ खाट पर पड़ा रहा।

बिबिया के शरीर पर घूँसों के भारीपन के स्मारक गुम्मड़ उभर आये थे, लकड़ी के आघातों की संख्या बताने वाली नीली रेखाएँ खिंच गई थीं और लातों की सीमा नापने वाली पीड़ा जोड़ों में फैल रही थी। उस पर द्वार का बन्द हो जाना उसके लिए क्षमा की परिधि से निर्वासित हो जाना था। वह अन्धकार में अदृष्ट की रेखा-जैसी पगडंडी पर गिरती-पड़ती, रोती-कराहती अपने नैहर की ओर चल पड़ी।

झनकू को पति का कर्त्तव्य सिखाने के लिए कभी एक पंच-देवता भी आविर्भूत नहीं हुए; पर बिबिया को कर्त्तव्यच्युत होने का दण्ड देने के लिए पंचायत बैठी।

भीखन ने विमाता के प्रलोभनों की शक्ति और अपनी अबोध दुर्बलता की कल्पित कहानी दोहरा कर क्षमा माँगी। इस क्षमा-याचना में जो कोर-कसर रह गई, उसे उसके मामा, नाना आदि के रुपयों ने पूरा कर दिया।

दूसरे की दुर्बलता के प्रति मनुष्य का ऐसा स्वाभाविक आकर्षण है कि वह सच्चरित्र की त्रुटियों के लिए दुश्चरित्र को भी प्रमाण मान लेता है। चोर ईमानदारी का उपयोग नहीं जानता, झूठा सत्य के प्रयोग से अनभिज्ञ रहता है। किसी गुण से अनभिज्ञ या उसके सम्बन्ध में अनास्थावान मनुष्य यदि उस विशेषता से युक्त व्यक्ति का विश्वास न करे, तो स्वाभाविक ही है; पर उसकी भ्रान्त धारणा भी प्रायः समाज में प्रमाण मान ली जाती है; क्योंकि मनुष्य किसी को दोष-रहित नहीं स्वीकार करना चाहता और दोषों के अथक अन्वेषक दोषयुक्तों की श्रेणी में ही मिलते हैं।

बिबिया पर लाञ्छन लगाने वाले भीखन के आचरण के सम्बन्ध में किसी को भ्रम नहीं था; पर बिबिया के आचरण में त्रुटि खोजने के लिए उसकी स्वीकारोक्ति को सत्य मानना अनिवार्य हो उठा। वह अपने अभियोग की सफाई देने के लिए नहीं पहुँच सकी। पहुँचने पर उस क्रुद्ध सिंहनी से पंचदेवताओं को कैसा पुजापा प्राप्त होता, इसका अनुमान सहज है।

बिबिया की दादी मर चुकी थी; पर भाई चिर दुःखिनी बहिन को घर से निकाल देने का साहस न कर सका, इसी से बिरादरी में उसका हुक्का-पानी बंद हो गया।

इसी बीच ज्वर के कारण मुझे पहाड़ जाना पड़ा। जब कुछ स्वस्थ होकर लौटी, तब बिबिया की खोज की। पता चला कि वह न जाने कहाँ चली गई और बहिन की कलंक-कालिमा से लज्जित भाई ने परताबगढ़ जिले में जाकर अपने ससुर के यहाँ आश्रय लिया। बहिन से छुटकारा पाकर कन्हई खिन्न हुआ या नहीं; इसे कोई नहीं बता सका; पर सरपञ्च ससुर की कृपा से वह बिरादरी में बैठने का सुख पा सका, इसे सब जानते थे।

गाँव का रजक-समाज बिबिया के सम्बन्ध में एकमत नहीं था। कुछ उसके आचरण में विश्वास रखने के कारण उसके प्रति कठोर थे और कुछ उसकी भूलों को भाग्य का अमिट विधान मानकर सहानुभूति के दान में उदार थे। एक वृद्धा ने बताया कि भाई का हुक्का-पानी बंद हो जाने पर वह बहुत खिन्न हुई। फिर बिरादरी में मिलने के लिए दो सौ रुपये खर्च करने पड़ते; पर इतना तो कन्हई जन्म भर कमाकर भी नहीं जोड़ सकता था।

इन्हीं कष्ट के दिनों में भतीजे ने जन्म लिया। भौजाई वैसे ही ननद से प्रसन्न

नहीं रहती थी। अब तो उसे सुना-सुनाकर अपने दुर्भाग्य और पति की मन्द बुद्धि पर खीजने लगी। 'का हमरेउ फूटे कपार मा पहिल पहिलौठी सन्तान का उछाह लिखा है? हम कौन गहरी गंगा माँ जौ बोवा है जौन आज चार जात-बिरादर दुवारे मुँह जुठारैं? पराये पाप बरे हमार घर उजड़िगा। जिनकर न घर न दुवार उनका का दुसरन कै गिरिस्ती बिगारै का चही? सरमदारन के बरै तौ चिल्लू भर पानी बहुत है।'

इस प्रकार की सांकेतिक भाषा में छिपे व्यंग्य सुनते-सुनते एक दिन बिबिया गायब हो गई।

सबको उसके बुरे आचरण पर इतना अडिग विश्वास था कि उन्होंने उसके इस तरह अन्तर्धान हो जाने को भी कलंक मान लिया। यह अच्छी गृहस्थिन नहीं थी, अतः किसी के साथ कहीं चले जाने के अतिरिक्त वह कर ही क्या सकती थी? मरना होता तो पहले पति से परित्यक्त होने पर भी डूब मरती, नहीं तो दूसरे के घर ही फाँसी लगा लेती; पर निर्दोष भाई के घर आकर और उसकी गृहस्थी को उजाड़कर वह मर सकती है, यह विचार तर्कपूर्ण नहीं था।

त्रिया-चरित्र जानना वैसे ही कठिन है, फिर जो उसमें विशेषज्ञ हो उसकी गतिविधि का रहस्य समझने में कौन पुरुष सामर्थ्य हो सकता है! गाँव के किसी पुरुष से वह कोई सम्पर्क नहीं रखती, इसी एक प्रत्यक्ष ज्ञान के बल पर अनेक अप्रत्यक्ष अनुमानों को कैसे मिथ्या ठहराया जावे! निश्चय ही बिबिया ने किसी के बिना जाने ही अपनी अज्ञात यात्रा का साथी खोज लिया होगा।

बहुत दिनों के उपरान्त जब मैं एक वृद्ध और रोगी पासी को दवा देने गई, तब बिबिया के यात्रा-सम्बन्धी रहस्य पर कुछ प्रकाश पड़ा। उसने बताया कि भागने के दो दिन पहले बिबिया ने उससे ठर्रे का एक अद्धा मँगवाया था। रुपया धेली गाँठ में न होने के कारण उसने माँ की दी हुई चाँदी की तरकी कान से उतार कर उसके हाथ पर रख दी।

धोबिनों में वही इस लत से अछूती थी, इसी से पासी आश्चर्य में पड़ गया; पर प्रश्न करने पर उसे उत्तर मिला कि भतीजे के नामकरण के दिन वह परिवार वालों की दावत करेगी। भाई को पता चल जाने पर वह पहले ही पी डालेगा, इसी से छिपाकर मँगाना आवश्यक है।

दूसरे दिन जब पासी ने छन्ने में लपेटा हुआ अद्धा देकर शेष रुपये लौटाये, तब उसने रुपयों को उसी की मुट्ठी में दबाकर अनुनय से कहा कि अभी वही रखे तो अच्छा हो। आवश्यकता पड़ने पर वह स्वयं माँग लेगी।

गाँव की सीमा पर खेलती हुई कई बालिकाओं को, उसका मैले कपड़ों की छोटी गठरी लेकर यमुना की ओर जाते-जाते ठिठकना, स्मरण है। एक गड़ेरिये के लड़के ने सन्ध्या समय उसे चुल्लू से कुछ पी-पीकर यमुना के मटमैले पानी से बार-बार कुल्ला करते और पागलों के समान हँसते देखा था।

तब मेरे मन में एक अज्ञातनामा सन्देह उमड़ने लगा। यात्रा का प्रबन्ध करने के लिए तो कोई बेहोश करने वाले पेय को नहीं खरीदता। यदि इसकी आवश्यकता ही थी, तो क्या वह सहयात्री नहीं मँगा सकता था, जिसके अस्तित्व के सम्बन्ध में गाँव भर को विश्वास है? बिबिया को अपनी मृत माँ का अन्तिम स्मृति-चिह्न बेचकर इसे प्राप्त करने की कौन-सी नई आवश्यकता आ पड़ी? फिर बाहर जाने के लिए क्या उसके पास इतना अधिक धन था कि उसने तरकी बेचकर मिले रुपये भी छोड़ दिये।

कगार तोड़कर हिलोरें लेने वाली भदहीं यमुना में तो कोई धोबी कपड़े नहीं धोने जाता। वर्षा की उदारता जिन गड्ढों में भर कर पोखर-तलइया का नाम दे देती है, उन्हीं में धोबी कपड़े पछार लाते हैं। तब बिबिया ही क्यों वहाँ गई?

इस प्रकार तर्क की कड़ियाँ जोड़-तोड़कर मैं जिस निष्कर्ष पर पहुँची, उसने मुझे कँपा दिया।

आत्मघात, मनुष्य की जीवन से पराजित होने की स्वीकृति है। बिबिया-जैसे स्वभाव के व्यक्ति पराजित होने पर भी पराजय स्वीकार नहीं करते। कौन कह सकता है कि उसने सब ओर से निराश होकर अपनी अन्तिम पराजय को भूलने के लिए ही यह आयोजन नहीं किया? संसार ने उसे निर्वासित कर दिया, इसे स्वीकार करके और गरजती हुई तरंगों के सामने आँचल फैलाकर क्या वह अभिमानिनी स्थान की याचना कर सकती थी?

मैं ऐसी ही स्वभाववाली एक सम्भ्रानत कुल की निःसन्तान, अतः उपेक्षित वधू को जानती हूँ, जो सारी रात द्रौपदीघाट पर घुटने पर पानी में खड़ी रहने पर भी डूब न सकी और ब्राह्म मुहूर्त में किसी स्नानार्थी वृद्ध के द्वारा घर पहुँचाई गई।

उसने भी बताया था कि जीवन के मोह ने उसके निश्चय को डाँवाडोल नहीं किया। 'कुछ न कर सकी तो मर गई' दूसरों के इसी विजयोद्‌गार की कल्पना ने उसके पैरों में पत्थर बाँध दिये और वह गहराई की ओर बढ़ न सकी।

फिर बिबिया तो विद्रोह की कभी राख न होनेवाली ज्वाला थी। संसार ने उसे अकारण अपमानित किया और वह उसे युद्ध की चुनौती न देकर भाग खड़ी हुई, यह कल्पना-मात्र उसके आत्मघाती संकल्प को, बरसने से पहले आँधी में पड़े हुए बादल

के समान कहीं-का-कहीं पहुँचा सकती थी। पर संघर्ष के लिए उसके सभी अस्त्र टूट चुके थे। मूर्च्छितावस्था में पहाड़-सा अडिग साहसी भी कायरता की उपाधि बिना पाये हुए ही संघर्ष से हट सकता है।

संसार ने बिबिया के अन्तर्धान होने का जो कारण खोज लिया, वह संसार के ही अनुरूप है; पर मैं उसके निष्कर्ष को निष्कर्ष मानने के लिए बाध्य नहीं।

आज भी जब मेरी नाव, समुद्र का अभिनय करने में बेसुध वर्षा की हरहराती यमुना को पार करने का साहस करती है, तब मुझे वह रजक-बालिका याद आये बिना नहीं रहती। एक दिन वर्षा के श्याम मेघांचल की लहराती हुई छाया के नीचे, इसकी उन्मादिनी लहरों में उसने पतवार फेंक कर अपनी जीवन-नइया खोल दी थी।

उस एकाकिनी की वह जर्जर तरी किस अज्ञात तट पर जा लगी, यह कौन बता सकता है!

❑❑

सात

मैंने स्वयं चाहे कम पत्र लिखे हों; पर दूसरों के लिए पत्र-लेखन मेरा कर्त्तव्य-सा बन गया है। क्या अपना देहात और क्या पहाड़ी ग्राम, सब जगह मेरी स्थिति अर्ज़ीनवीस जैसी हो जाती है।

कहीं कोई दुःखिनी माँ, दूर देश भाग जानेवाले पुत्र को वात्सल्य भरा उद्‌गार लिख भेजने के लिए विकल है, कहीं कोई ससुराल की बन्दिनी बहू, भाई को, सावन में आने की स्मृति दिलाने के लिए आतुर है। कभी कोई एकाकिनी गृहिणी, दूर देश में नई गृहस्थी बसा लेने वाले सहधर्मी के पास, कुशल क्षेम भर लिख भेजने का अनुरोध पहुँचाना चाहती है। कभी कोई रोगी, अपनी सहोदरता की दोहाई देकर, नगरस्थ मजदूर सहोदर को रुपया भेजने के लिए विवश करने की इच्छा रखता है। कहीं कोई चाचा रक्त-सम्बन्ध के आधार पर भतीजे से बैल खरीदने में सहायता माँगता है। कहीं कोई बहनोई विवाह-सम्बन्ध का उल्लेख कर साले से, रेहन रखे खेत छुड़ा देने का अनुरोध करता है।

इस प्रकार पत्र-प्रेषकों के वर्ग में सीमातीत विविधता है। पत्र के विषय इतने भिन्न रहते हैं कि कोई पत्र-लेखन-कला का विशेषज्ञ भी किंकर्त्तव्यविमूढ़ हो जायेगा। फिर मेरी तो इस कला में उतनी भी गति नहीं, जितनी काव्य में एक तुक्कड़ की होती है।

पत्र-लेखन-कला में मेरी घोर अपटुता के साथ जब पत्र-प्रेषकों की दुर्बोधता भी मिल जाती है, तब तो यह कार्य और भी कठिन हो उठता है।

वे सब एक साथ इतना कह चलते हैं कि न वाक्यों में संगति रहती है, न भावों में स्पष्टता। रोकने-टोकने पर वे समझते हैं कि लिखनेवाले में क्षमता नहीं, अतः पत्र का कोई परिणाम न निकलेगा।

उनकी अटपटी भाषा और उलझे वाक्यों में खोये इतिवृत्त को क्रमबद्ध करना, उनके अस्पष्ट और मिश्रित भावों के साथ उसकी संगति बैठाना तथा उन्हें पत्र का जामा पहनाना सहज नहीं है।

इतिवृत्त को आधुनिक शैली के अनुसार पत्र की रूपरेखा देना भी कठिन है, क्योंकि पत्र-लेखन के सम्बन्ध में वे ग्रामीण, परम्परा के विशेषज्ञ ही नहीं, उसके कट्टर अनुयायी भी हैं।

प्रत्येक पत्र के ऊपर चाहे श्री गणेशाय नमः लिखा जाय चाहे श्रीराम; पर इस प्रस्तावना के बिना पत्र पात्रता नहीं प्राप्त कर सकता। जिन्हें उद्देश्य करके पत्र लिखा जाता है, वे चाहे दीनता में अतुलनीय हों चाहे कुरूपता में अनुपम; पर वे सब 'सिद्ध श्री सर्वोपमायोग्य' कहकर ही सम्बोधित किये जा सकते हैं।

पत्र के विषय भी लेखक को कम उलझन में नहीं डालते, क्योंकि कथा का एक सूत्र पकड़ते ही अनेक सूत्र हाथ में आ जाते हैं। पत्र-प्रेषक न जाने कितनी अन्तर्कथाओं के साथ अपनी कथा कहना चाहता है। इतना ही नहीं, कथा की अबाध गति से घटनाओं के क्रम का कोई सम्बन्ध नहीं रहता; पर अन्तर्कथाएँ मुख्य वृत्त से अविच्छिन्न सम्बन्ध में बँधी रहती हैं। किसी को किसी सम्बन्धी से रुपया चाहिए—इस एक बात को वह आपबीती अनेक घटनाओं के साथ ही कह सकता है और जमींदार-महाजन से लेकर घुरहू-मँगरू पासी तक सबको अपनी विपन्नावस्था का गवाह बनाकर ही सन्तोष पा सकता है।

ऐसे पत्र-प्रेषक अनेक अतीत घटनाओं का इतना सजीव विवरण देते चलते हैं कि बेचारा पत्र-लेखक विस्मित हो उठता है। वह क्या लिखे और क्या न लिखे, यह निर्णय उस पर नहीं छोड़ा जाता। वह कुछ गड़बड़ी कर भी दे, तो अन्त में वे पत्र सुनाने के लिए अनुनय-विनय कर-करके उसे और भी अधिक असमञ्जस में डाल देते हैं। जो कुछ वे लिखना चाहते हैं, उसकी इतनी मौखिक आवृत्तियाँ हो चुकती हैं कि वे अपने वक्तव्य के उपेक्षणीय अंश का अभाव भी तुरन्त जान लेते हैं।

कागज में इसे लिखने का स्थान नहीं है, यह कहने पर भी छुटकारा मिलना

कठिन है। लेखक के मुख पर अपनी अनुनय भरी दृष्टि स्थापित करके और किसी अक्षरहीन कोने में अपनी टेढ़ी-मेढ़ी उँगली रखकर वे उस छूटे हुए विवरण को लिख देने के लिए ऐसा करुण अनुरोध करेंगे जो टाला नहीं जा सकता। मार्जिन या कोनों को खाली छोड़ने के लिए सन्देश का कोई अंश छोड़ देना, उनकी दृष्टि में अनुचित है। समूचा कागज जब अक्षरों से लिप-पुत जाता है, तब वे निरुपाय होकर लिखने का अनुरोध बन्द करते हैं, इससे पहले नहीं।

लिखने वाले के हृदयगत भाव को समझ लेने की समस्या भी कम जटिल नहीं। एक भाव को हृदयंगम करते ही भावों की बाढ़ आ घेरती है। साधारणतः वे ग्रामीण नागरिक बुद्धिजीवियों से अधिक भावुक होते हैं, इसी से सन्देश का प्रत्येक अंश उनमें नवीन भावोद्रेक का कारण बन जाता है। कथा के क्रम में कभी उनके हँसने का परिचय मिलता है, कभी क्रन्दन का, कभी क्रोध का भाव व्यक्त होता है, कभी पश्चाताप का, कभी ममता की तन्मयता का आभास रहता है, कभी उपेक्षाजनित ग्लानि का, कभी दार्शनिक वीतरागता प्रकट होती है, कभी सांसारिक नीतिमत्ता। सारांश यह कि घटना, काल, स्थान आदि के अनुसार भाव में परिवर्तन होता चलता है।

पर लेखक उनकी ओर से लिखे हुए पत्र में किस भाव को प्रधानता दे, यह जानना सहज नहीं। एक पिता अपने दूरदर्शी पुत्र को उसकी कर्त्तव्यहीनता और उपेक्षा के लिए डाँटना चाहता है। पत्र-लेखक उसकी ओर से कठोर भर्त्सना के शब्द लिखते-लिखते अचानक उन वाक्यों में आँसुओं का गीलापन अनुभव करेगा। फिर सिर उठाकर देखते ही उसके सामने कठोर न्यायाधीश जैसे व्यक्ति के स्थान में एक रोता हुआ, भावुक और दीन पिता आ जायेगा।

इन दोनों में कौन सत्य है, यही बताना कठिन हो जाता है, तब फिर किसकी बात लिखी जाय, यह जानना तो और भी दूर की बात है।

लिखने के उपरान्त अनेक बार मुझे पत्र फाड़कर फेंक देना पड़ा है, क्योंकि लिखाने वाला व्यक्ति अन्त में वह नहीं रहता जो आरम्भ में था। ऐसी दशा में वही पत्र भेज देना अन्याय ही नहीं, व्यावहारिक दृष्टि से हानिकर भी होता, क्योंकि पाने वाला उसके मन के यथार्थ भाव न समझ सकने के कारण, भ्रान्त धारणा बना लेता।

पत्र-प्रेषक के सम्बन्ध में सारी समस्याओं का समाधान कर लेने के उपरान्त भी एक कठिनाई रह जाती है। एक व्यक्ति के पत्र में गाँव भर कुछ-न-कुछ लिखना चाहता है।

किसी की ओर से पालागन लिखता है, तो किसी की ओर से असीस। किसी

की जै रामजी पहुँचाना है, तो किसी की भेंट-अँकवार। कोई 'पाती आधा मिलन है' लिखवाकर अपने कवित्व का परिचय देना चाहता है, तो कोई 'हुई है सोइ जो राम रचि राखा' लिखवाकर दार्शनिकता का। कोई बछिया बेचने की सूचना दे देना आवश्यक समझता है, कोई भैंस खरीदने की। किसी के लिए खेत की बेदखली का संवाद भेजना अनिवार्य है, तो किसी के लिए छप्पर गिर जाने का। कोई कुआँ उगराने की कथा सुनाने को आकुल है, कोई पोखर सूखने की।

ऐसा व्यक्ति खोजना कठिन होगा, जो परिचित व्यक्ति को कुछ सन्देश न भेजना चाहे और छोटे ग्रामों में नागरिक जीवन की विच्छिन्नता-जनित अपरिचय सम्भव ही नहीं होता। इसी कारण सब एक-दूसरे से विशेष परिचित ही मिलते हैं। यदि जिसे पत्र लिखा जाता है, उससे विशेष परिचय नहीं तो पत्र लिखाने वाले से तो रहता ही है। इसी नाते सब बड़े-छोटे यथायोग्य लिखवाना नहीं भूलते।

कोई काका से विशेष परिचित होने के कारण भतीजे को कर्त्तव्य-विषयक उपदेश देने के लिए उत्सुक है, कोई भाञ्जे से घनिष्ठता के कारण उसके मामा को प्रणाम लिखवाना चाहता है। कोई मौसी के परिचय के नाते बहनौतिन के पति को असीस पहुँचाने की इच्छुक है, कोई भतीजी की सखी होने के कारण चाची के पितिया-ससुर को पालागन भेजना आवश्यक समझती है। ऐसी दशा में सम्बन्ध, असम्बन्ध, परिचय, अपरिचय का कोई अन्तर महत्त्व नहीं रखता।

मेरे जैसे व्यक्ति से कुछ न लिखवाना भी उन्हें अपमानजनक लगता है। साहुजी के आले में तेल के धब्बों से भरे लिफाफे के स्थान में मेरे बैग से बगले के पंख—जैसा उजला लिफाफा निकल आता है। हल्दी की पुड़िया खोलकर निकाले हुए कागज की तुलना में मेरी कापी का कागज बड़ा और स्वच्छ जान पड़ता है। पटवारी की चौपाल के कोने में स्थापित बिना ढक्कन की दावात और काले कलम में वह आकर्षण नहीं, जो मेरे चमकीले फाउन्टेनपेन में मिलना स्वाभाविक है। पिछौरी के कोने में बाँधकर लाये हुए मैले सिकुड़नदार टिकट के सामने मेरे टिकट ही अधिक विश्वसनीय जान पड़ते हैं। पत्र-लेखन के ऐसे उत्कृष्ट साधन लेकर बैठे हुए लेखक से जो कुछ नहीं लिखवाता, वह अपनी लोकाचार विषयक अनभिज्ञता प्रकट करता है। इसी कारण सभी 'दो आखर' लिख देने के लिए अनुरोध करने लगते हैं।

मुझे इस तरह जंगम पोस्ट आफिस बनने की कौन-सी आवश्यकता है! मेरे लिखे पत्र कहीं पहुँच भी सकेंगे या नहीं! क्या मेरा 'टिकट लिफाफा-सप्लाई-डिपो' संदिग्ध नहीं है? क्या मेरी यह अर्जीनवीसी निठल्लेपन का प्रमाण नहीं है? यह सब प्रश्न उनके हृदय में एक बार भी नहीं उठे।

परमार्थ की उच्चतम भावना के साथ भी नागरिक जीवन में प्रवेश करने पर व्यक्ति को अविश्वास और सन्देह के अनेक पैने तीरों का लक्ष्य बनना पड़ता है। नागरिक जीवन का अकारण सन्देह, कर्मनिष्ठा को पंगु और उसका लक्ष्यहीन दुराव, जीवन-दर्शन को भ्रान्त कर देता है। इसके विपरीत ग्रामीण जीवन की पुस्तक खुली ही मिलती है। कुछ विषम परिस्थितियाँ अपवाद हो सकती हैं; पर जहाँ जीवन कुछ स्वस्थ है, वहाँ एक ग्रामीण का सहयोग-आदान दैन्यरहित होने के कारण सहज है, सहायता का दान गर्वशून्य होने के कारण स्वाभाविक और विचार-विनिमय अकृत्रिम होने के कारण जीवन के अध्ययन का पूरक है।

एक बार मुझे कुछ लिखते देखकर एक वृद्धा अपने दूरदेशी पुत्र को पत्र लिखाने आ बैठी। फिर दूसरे भी आने लगे और अन्त में यह कार्य मेरे कर्त्तव्य की सीमा में आ गया। मैं स्वयं अकारण तो क्या सकारण भी पत्र कम लिखती हूँ। इसी से टिकट, लिफाफे, कार्ड आदि का प्रबन्ध करने पर भी यह पत्र-लेखन मुझे महँगा नहीं पड़ा।

मेरे बैठने के स्थान अनेक हैं। कभी पीपल के तने का सहारा लेकर उसकी ऊँची जड़ों का सिंहासन बनाती हूँ, कभी आम के नीचे सूखी पत्तियों के बिछौने का। कभी किसी के ओसारे में पड़ी खटिया पर आसीन होती हूँ, कभी किसी के आँगन में तुलसीचौरा के सामने चटाई पर। पत्र लिखने का प्रस्ताव सबसे पहले जो करता है, उसी के इच्छानुसार शेष को चलना पड़ता है। पत्र लिखवाने वाला निकट बैठता है और सब उससे कुछ हटकर आस-पास। केवल अभिवादन भेजने वाले आते-जाते रहते हैं।

कोई पुर चलाना दूसरे को सौंपकर पालागन लिखाने दौड़ आया, कोई आशीष लिखा देने का स्मरण दिलाकर दाँय चलाने चला गया। कोई अपना सन्देश लिखवाने के लिए भरा घड़ा सिर पर और रस्सी हाथ में थामे हुए ही रुक गई। किसी को जै रामजी लिखवाते बेसन पीसने की याद आ गई, कोई रोते हुए लड़के को माँ मोटी रोटी का टुकड़ा देकर पत्र का उपसंहार सुनने लौट आई। कोई उपदेश-वाक्य कहते-कहते बुझी चिलम सुलगाने के लिए उठ गया।

इस तरह सबका आवागमन होता रहता है। केवल इस समारोह का सूत्रधार आदि से अन्त तक कभी हँसता, कभी रोता और कभी उदासीन बैठा रहकर कथा का अवरोह सँभालता है। पत्र लिख जाने पर उसे पूरा सुनाना पड़ता है। इतना ही नहीं, उसके इच्छानुसार जहाँ-तहाँ कुछ न कुछ जोड़ना भी आवश्यक हो जाता है। तब वह

पत्र को सब प्रकार से अपना प्रमाणित करने के लिए अँगूठे की छाप लगाने को व्याकुल हो उठता है। ऐसे चिह्न व्यवहार-जगत् में प्रचलित असत्य से आत्मरक्षार्थ कवच हो सकते हैं; पर पत्र के स्वतः सिद्ध आत्मोद्‌गार में उनका विशेष महत्त्व नहीं, इसे सब मान नहीं सकते। इसी कारण कभी-कभी नाम के नीचे अँगूठे के चित्र-विचित्र और विविध आकृतियों वाले चिह्न भी सुशोभित हो जाते हैं।

पता लिखना इस पत्र-लेखन गाथा का सबसे कठिन प्रसंग है। किसी के पुकारने का नाम नन्हकू और परिचय का महावीर है। किसी की घर की संज्ञा दुलरुआ और बाहर की भैरोंदीन है। कोई अपने गाँव में घसीटा और पर गाँव में राजाराम कहलाता है। कोई ननसार की सिरतजिया और ददसार की दुखिया है। किसी को परिवार वाले रूपमतिया और बाहर वाले कलुइया कहते हैं।

नाम-उपनामों का यह विरोधाभासमूलक गठबन्धन हमारे कवि-समाज का स्मरण न दिलाये, तो आश्चर्य की बात होगी। हमारे यहाँ भी एक व्यक्ति, जीवन में अकिंचन, रूप में कोयला, नाम से हीरालाल और उपनाम से शरदेन्दु होकर भी उपहासास्पद नहीं माना जाता। अकिंचनता सामाजिक व्यवस्था से सम्बन्ध रखती है, रूप प्रकृति का दान है और नाम माता-पिता का उपहार कहा जायेगा। शेष एक उपनाम ही रह जाता है, जिसका सम्पूर्ण उत्तरदायित्व उन्हीं को सँभालना होगा। सम्भवतः इसी कारण वे अपने में किसी विशेषता के अभाव या भाव की चिन्ता न करके संसार की सुन्दरतम वस्तु को मिली हुई संज्ञा पर अधिकार जमाना चाहते हैं।

कवि-परम्परा ने जिन शब्दों के प्रति विशेष पक्षपात दिखाया है, उनके प्रति उपनाम-अन्वेषकों का आकर्षण स्वाभाविक ही कहा जायेगा; पर जब उन शब्दों के अर्थ और उनके द्वारा सांकेतिक व्यक्तियों में किसी प्रकार का भी सादृश्य नहीं मिलता, तब उनकी स्थिति विचित्र हो जाती है। सुनने वाले नाम और उपनाम का अन्तर न भूल सकें, मानो इसीलिए वे दोनों को एक अविच्छिन्न सम्बन्ध में बाँधकर उपस्थित रहते हैं।

पर ग्रामीण नाम और उपनामों की स्थिति इससे भिन्न है। नाम का सम्बन्ध तो पंडितजी के पोथी-पत्रे से है; किन्तु उपनाम व्यक्ति के रूप, स्वभाव, गुण या दूसरों की उसके प्रति धारणा का यथार्थ चित्र देता है।

जो लबार नाम से पुकारा जाता है, वह इस नाम के उपयुक्त विशेषता से शून्य नहीं हो सकता। जो गुजरिया कही जाती है, वह वेशभूषा की रंगीनी में गुड़िया से कम नहीं होती। जो कोयली की संज्ञा पाती है,उसका श्यामांगिनी होने के साथ-साथ

मधुरभाषिणी होना आवश्यक है। जो नत्थू कहकर सम्बोधित किया जाता है, उसे जन्म लेते ही नाक में बाली पहनना पड़ा होगा। जो घूरे का उपनाम पा चुका है, उसने बचपन में कठोर उपेक्षा का अनुभव किया होगा। इन उपनामों में कुछ अपवाद भी हो सकते हैं; पर साधारणतः वे व्यक्ति के साथ सामञ्जस्यपूर्ण स्थिति ही रखते हैं, विरोधमूलक नहीं।

पर पत्र लिखते समय यह जानना कठिन हो जाता है कि दूरदेश में एक व्यक्ति नाम और उपनाम में से किसे विशेष महत्त्व दिया होगा। जब तक वह परिचित वातावरण में है, तब तक उसकी विशेषताओं के निरीक्षक ही उसका नाम निश्चित कर देते हैं; पर जब केवल उसको अपना परिचय देना है, तब वह इनसे मिले सम्बोधनों में से किसे स्वीकार करेगा, यह उसकी रुचि और दूसरों के प्रति उसके भाव पर निर्भर रहता है। इस सम्बन्ध में पत्र लिखने वाला और लिखाने वाला दोनों ही अंधकार में रहते हैं।

नाम की समस्या हल हो जाने पर स्थान की बाधा उपस्थित होती है। प्रायः वे नगर के नाम से अधिक पता नहीं जानते; यह चाहे विस्मय की बात न हो, पर पत्र पाने वाले की ख्याति के सम्बन्ध में उनका अडिग विश्वास आश्चर्य में डाले बिना नहीं रहता। किसी को विश्वास है कि उसके लाड़ले बेटे के रूप से सब परिचित होंगे। किसी की दृढ़ धारणा है कि उसके कुश्ती लड़ने वाले भतीजे का नाम नगर-भर जानता होगा। कोई समझता है कि उसके भाई जैसे गवैये की ख्याति डाक-घर तक पहुँच गई होगी। कोई मानता है कि उसके साँप-बिच्छू का विष झाड़ने वाले चाचा से डाकिया अनजान नहीं हो सकता। कोई समझती है कि उसके पति का पशु-चिकित्सा-विशारद होना ही उसका पर्याप्त पता है। कोई कहता है कि उसके हनुमान-चालीसा कंठस्थ कर लेने वाले मामा की विद्वत्ता छिपी नहीं रह सकती।

इनके प्रिय सम्बन्धियों की दूरदेश की जनसमूह में वही स्थिति है, जो समुद्र में बूँद की होती है, से न वे जानते हैं और न मानना चाहते हैं।

अनेक प्रयत्नों के उपरान्त खोज निकाले हुए पते-ठिकाने के अनुसार पत्र लिख जाने पर उसे शीघ्र से शीघ्र डाकखाने पहुँचाना आवश्यक हो उठता है। कोई तुरन्त पत्र को मिर्जई या साफे में खोंसकर और हाथ में लोटा-डोर थामकर तीन मील दूर पोस्ट-आफिस की ओर चल देता है। कोई सबेरे जाने के लिए अभी से गठरी बाँध लेता है। कोई पत्र को बकुचे में सुरक्षित रखकर अन्य आवश्यक कार्य निपटाने में लग जाता है और कोई स्नेह से उँगलियाँ फेर-फेर कर अक्षरों की स्याही फैलाने लगता है।

अनेक बार तो पत्रों को डाकखाने तक पहुँचा देने का कर्त्तव्य भी मुझे सँभालना पड़ जाता है; पर प्रेषक इस सम्बन्ध में जितना अपना विश्वास करते हैं, उतना मेरा नहीं।

चिट्ठी डालने के लाल बम्बे को पहचानने में उनसे भूल न होगी, इस सम्बन्ध में वे आश्वस्त है; पर मैं जिसे यह काम सौंपूँगी, वह भूल से पत्र को किसी दूसरे बम्बे में नहीं डाल सकता, इस विषय में उनका सन्देह बना ही रहता है। विशेषतः शहर में जहाँ-तहाँ पत्र डालने के और पानी के बम्बों का बाहुल्य उन्हें निश्चिन्त होने नहीं देता।

उत्तर की प्रतीक्षा के दिन तो उन्हें और भी व्यस्त कर देते हैं। जहाँ सप्ताह में एक बार डाकिया आता है, वहाँ के पत्र-प्रेषक प्रायः नित्य ही डाकखाने तक दौड़ लगाते हैं। उनके नाम कोई चिट्ठी नहीं आई, इतना सुनकर सन्तुष्ट हो जाना भी उनके लिए सम्भव नहीं। कोई अपना नाम, उपनाम बताने और फिर से सब पते जाँच लेने का हठ करने के कारण डाकबाबू से झिड़की खाता है। कोई पत्र पाने की दुराशा में गोत्र से लेकर गाँव तक के परिचय की अनेक आवृत्तियाँ करके डाकिये का कोप-भाजन बनता है।

जो पत्र मेरे पते से आते हैं, उनके सम्बन्ध में उत्तर देते-देते मेरा धैर्य भी सीमा तक पहुँचे बिना नहीं रहता।

कोई पूछता है, उत्तर आने में कै दिन बाकी हैं। कोई जानना चाहता है कि पता लिखने में भूल तो नहीं हुई। किसी का अनुमान है कि पत्र पाने वाले के नाम के साथ उसकी सब विशेषताएँ न जोड़ देने के कारण ही पत्र नहीं पहुँच पाया। किसी को सन्देह है कि टिकट पुराना होने के कारण, डाकबाबू ने पत्र को रद्दी में न फेंक दिया हो। किसी को शंका है कि बरसात के कारण पते के अक्षर न धुल गये हों। किसी का विश्वास है कि चिट्ठी भारी हो जाने के कारण बैरंग होकर निरुद्देश्य घूम रही होगी।

उनकी नासमझी पर कभी हँसी आती है, कभी क्रोध। उनकी विवशता पर कभी झुँझलाहट होती है, कभी ग्लानि। अपने भावों और विचारों के विनिमय के लिए इतने आकुल व्यक्तियों को किसने इतना असमर्थ बना डाला? इतने विशाल जन-समूह को वाणीहीन बनाकर जिन्हें अपनी वाग्विदग्धता का अभिमान है, वे कितने निर्लज्ज हैं? इस प्रकार के प्रश्न स्वाभाविक ही कहे जायेंगे।

यह सब तो जैसे-तैसे चल ही रहा था; पर एक दिन जब गुँगिया मेरे आँचल का छोर थामकर विविध हाव-भाव द्वारा पत्र लिख देने का संकेत करने लगी, तब

तो मैं स्वयं अवाक् रह गई। क्या कहीं मेरी दुर्दशा की सीमा नहीं है? क्या अब गूँगों के लिए भी पत्र लिखना होगा? गुँगिया किसे क्या लिखवाना चाहती है, यह मैं किस प्रकार समझ सकूँगी!

पर जिसे लेकर ये समस्याएँ उठ रही थीं, उसे इन सब के समाधान से कोई सरोकार नहीं था। मुझे इतने पत्र लिखते देखकर ही सम्भवतः उसका हृदय अपनी करुण विवशता भूल गया था।

इतनी सुख-दुःख कथाएँ लिख चुकने पर भी एक व्यक्ति, उसके ऐसे प्रत्यक्ष सुख-दुःखों की भाषा नहीं जानता है, ऐसा विश्वास गुँगिया के लिए सहज नहीं था।

मैं उसे अनेक बार देखते-देखते अब उसकी उपस्थिति की अभ्यस्त हो चुकी थी। आते समय वह मेरी प्रतीक्षा में बैठी हुई मिलती थी। जाते समय वह पीछे-पीछे चलकर दूर तक पहुँचाने आती थी। कुछ लिखते समय वह कहीं आसपास में बैठकर बड़े कुतूहल के साथ मेरा क्रियाकलाप देखती थी। पर, मैं अब तक उसे कौतुकी दर्शक मात्र समझ बैठी थी, इसी से जब उसने स्वयं पत्र-प्रेषक की भूमिका ग्रहण कर ली, तब मैं बड़े असमंजस में पड़ गई।

गुँगिया को यह उपनाम गूँगेपन के कारण मिला है। उसका नाम तो है धनपतिया। उसका पिता रग्घू तेली सम्पन्न भी था और ईमानदार भी। घर में पुष्ट बैलों की जोड़ी थी, कोल्हू चलता था और सरसों से लेकर रेंडी तक सब कुछ पेरा जाता था। रग्घू के तेल की शुद्धता और उसकी खली की उपयोगिता की ख्याति गाँव की सीमा लाँघ चुकी थी।

पहलौठी सन्तान होने के कारण गुँगिया के जन्म के उपलक्ष्य में बड़ी धूमधाम रही। नगाड़े वाले नेग लेने आये, डोमनी नाचकर चुनरी ले गई और तेलीपंचों की ज्योंनार में कई पीपे घी खर्च हो गया।

जच्चा को चिरौंजी डालकर हरीरा दिया गया, बबूल का गोंद पाग कर पँजीरी दी गई। जब सवा महीने में माँ बेटी की गोद में लेकर सौरी से निकली, तो परिवार वालों ने जच्चा-बच्चा के स्वास्थ्य को नजर से बचाने के लिए न जाने कितने टोने-टोटके किये। बालिका की इतनी लोई की गई कि उसकी रोमहीन देह मैदा की पिण्डी जैसी दिखाई देने लगी। उसके इतना तेल मला गया कि उसके अंगों पर देखने वालों की दृष्टि फिसलने लगी।

गदबदे शरीर वाली धनपतिया ने दस महीने की अवस्था तक पहुँचते-न-पहुँचते चलना भी आरम्भ कर दिया; पर उसका कण्ठ पाँच वर्ष की अवस्था पार करने पर

भी नहीं फूटा। न वह माँ कह सकी न दादा, न उसके मुख से दूधू निकला न हप्पा। केवल ऐं-ऐं को विशेष ध्वनियों में उच्चारण करके ही वह मन के भाव व्यक्त करना जानती थी।

बोलना आरम्भ करने की अवस्था निकल जाने पर माँ-बाप के मुख पर चिन्ता की छाया पड़ने लगी। गंडे व ताबीज बाँधे गये। जन्तर-मन्तर का सहारा लिया गया, झाड़-फूँक का उपचार हुआ। मानता, पूजा, अनुष्ठान आदि की शक्ति-परीक्षा हुई; पर धनपतिया पर वाणी कृपालु न हो सकी। अन्त में रग्घू ने शहर ले जाकर डाक्टर को भी दिखाया। गुँगिया के तालू और कौवे की बनावट में जो त्रुटि रह गई थी, उसका सुधार विशेष प्रकार के आपरेशन द्वारा ही हो सकता था, जिसके लिए न रग्घू के पास धन था न साहस। परिणामतः धनपतिया गुँगिया बनकर ही बढ़ने लगी। प्रायः गूँगेपन के साथ मिलने वाली बधिरता उसे न देकर विधाता ने उसके अभिशाप को दूना कर दिया, क्योंकि श्रवणशक्ति के अभाव में मूकता उतनी असह्य नहीं लगती, जितनी उसके साथ। उसकी पीठ पर केवल एक बहिन और हुई जो बोलने का वरदान लेकर आई थी।

गुँगिया ने वाणी के अभाव को मानो समझदारी से भर लिया था। वह इतनी कुशाग्र-बुद्धि थी कि जो एक बार देखती, उसे कभी न भूलती, जो एक बार सीखती, उसमें कभी त्रुटि नहीं होने देती। आठ-नौ वर्ष की अवस्था तक पहुँचते-पहुँचते वह धर के कामों में माँ की सहकारी बन बैठी।

अब विवाह की समस्या का समाधान आवश्यक हो गया। कन्या के जीवन से चिर-कौमार्य का कलंक दूर करने के लिए रग्घू ने उसी धोखाधड़ी का आश्रय लिया, जो विवाह की हाट के अनुपयुक्त कन्याओं के माता-पिता का ब्रह्मास्त्र है। उसने किसी दूरस्थ गाँव में छोटी कन्या की सगाई करने के उपरान्त विवाह के अवसर पर मण्डप तले गुँगिया को बैठाकर शेष विधि सम्पन्न करा दी।

तीन-चार वर्ष के बाद गौने में ससुराल पहुँचकर गुँगिया ने अपनी दयनीय स्थिति का नवीन परिचय पाया। वह जब कुछ न बोल सकी और विवश किये जाने पर ऐं-ऐं करने लगी, तब ससुराल वाले धोखा खाने के क्षोभ में आपे से बाहर हो गये।

बहू गूँगी है, उसके बाप ने सबको ठग लिया, इसे गहने छीनकर निकाल दो, आदि उद्‌गारों में गुँगिया ने अपने जीवन के निठुर अभिशाप की वह छाया देखी, जो नैहर में माँ-बाप की ममता से ढकी हुई थी।

उसने बड़ी दीनता से सास के पैर पकड़ लिये और लात खाने पर भी उन्हीं

में मुख छिपाये हुए रोती रही; पर किसी का हृदय न पसीजा। धोखा तो धोखा ही है। जिसने उनके साथ छल-कपट का व्यवहार किया, वह यदि स्वयं दण्ड न भोगे, तो उसकी सन्तान को तो भोगना ही पड़ेगा, अन्यथा न्याय की महिमा कहाँ रहेगी! अन्त में सब गहने-कपड़े रखकर ससुराल वालों ने गुँगिया को उसके पिता के घर भेजकर ही सन्तोष की साँस ली।

रग्घू अपने कार्य से पहले अनुतप्त था। अन्याय-प्रतिकार के रूप में उसने अपनी दूसरी लड़की का विवाह वहीं कर देने का प्रस्ताव भेजकर संधि कर ली। इस बार कन्या को भली-भाँति देख-सुनकर शुभ मुहूर्त्त में यह विवाह भी हो गया। बूढ़ियाँ कहते हैं कि जब गुँगिया ने अपने चढ़ावे में आये हुए गहने-कपड़ों में सजी हुई बहिन का अपने पति से गठबन्धन होते देखा, तब वह मुँह में आँचल ठूँसकर ही रुलाई रोक सकी।

बहिन के चले जाने पर वह अपनी मूक सेवा से माता-पिता का सन्ताप दूर करने का प्रयत्न करने लगी।

तब से बहुत समय बीत गया। गुँगिया के माँ-बाप भी परलोक सिधार गये और उसके सास-ससुर भी। उसकी बहिन रुकिया ने दो बच्चों को जन्म दिया; पर उनमें एक भी तीन वर्ष से अधिक आयु लेकर नहीं आया। तीसरे का शोक न सहने के विचार से ही सम्भवतः वह उसे होते ही मातृहीन बना गई। घर में उसके पालने का कोई प्रबन्ध न कर सकने के कारण पिता नवजात शिशु को ससुराल ले गया और उसे गुँगिया की गोद में रखकर रोने लगा।

अपने ही समान वाणीहीन शिशु की टिमटिमाती हुई आँखों में गुँगिया ने कौन-सा सन्देश पढ़ लिया, यह तो वही जाने; पर वह उसे लौटा देने का साहस न कर सकी। बहनोई ने दबी जबान से उसे घर ले चलने का प्रस्ताव किया; पर उसके मुख पर अस्वीकृति की कठोर मुद्रा देखकर बीच में ही रुक गया।

गाँववालों ने इस गूँगी माँ का सन्तान-पालन देखकर दाँतों तले उँगली दबाई। उसने एक बैल बेचकर बच्चे के दूध के लिए दो बकरियाँ खरीदीं, अपने धराऊ कपड़े काटकर उसके लिए झँगूला, टोपी सिलवाये, अपनी हमेल, पहुँची तुड़वाकर उसके लिए पैंजनी, करधनी, कठुला और कड़े गढ़वाये तथा नामकरण के दिन, अपने जोड़े हुए रुपये खर्च करके सबकी दावत कर डाली।

माँ-बाप के न रहने से गुँगिया का कारोबार वैसे ही धीमा हो गया था, पर अब वह शिशु की देख-रेख में व्यस्त हो गई। इस प्रकार सम्पत्ति घटने के साथ-साथ

हुलासी बढ़ने लगा। उसके बाप ने पहले कुछ दिनों तक खोज-खबर ली, फिर वह नई पत्नी और नई सन्तान के स्नेह में उसे भूल ही गया। गुँगिया ने न उससे कभी कुछ माँगा और न हुलासी के राजसी खर्च में कमी की।

एक अवस्था तक गुँगिया और उसका बेटा दोनों गूँगे थे, अतः एक-दूसरे की बात संकेतों से ही समझते रहे। बोलना सीख जाने पर अबोध बालक माँ के मौन पर विस्मित हुआ, फिर कुछ समझदार होने पर वह लज्जा का अनुभव करने लगा। गाँव के लड़के जब उसे 'गूँगी का बेटा गूँगा' कहकर चिढ़ाते, तब वह मर्माहत हो जाता। कभी उन्हें मारने दौड़ता, कभी रोने लगता। जब गुँगिया शोर-गुल सुनकर दौड़ आती और विविध चेष्टाओं के साथ 'ऐं-ऐं' कहकर उन्हें डाँटना आरम्भ करती, तब वे नटखट बालक 'गूँगा मौसी, गूँगा मौसी' की रट लगाते हुए भाग खड़े होते।

हुलासी को घर लाकर वह बेचारी गोद में बैठाती, मटकी से निकाल कर बतासे देती, उँगलियों से बालों की धूल झाड़ती, आँचल से मुख पोंछती और अनेक प्रकार के संकेतों द्वारा उसे समझाने का प्रयत्न करती; पर इस उपचार से बालक का क्षोभ और अधिक बढ़ जाता। कभी वह दोनों हाथों से उसे ढकेलने के उपरान्त आँगन में आँधे मुँह पड़कर और अधिक रोने लगता और कभी उसका अंचल खींचकर मचलता हुआ पूछता कि सबकी अम्मा तो बोलती हैं, वही अकेली क्यों गूँगी है? गुँगिया इस प्रश्न का क्या उत्तर दे! गाँव की किसी भी माँ से वह स्नेह में, यत्न में कम नहीं; पर अपने गूँगेपन के लिए वह क्या सफाई दे!

ज्यों-ज्यों हुलासी बड़ा होता गया, त्यों-त्यों दूसरों के द्वारा अपने जीवन-वृत्त के सम्बन्ध में कुछ झूठ-कुछ सच जानता गया। गुँगिया तो कुछ कह नहीं सकती थी, इसी कारण अनेक निर्मूल दन्तकथाएँ भी प्रतिवादहीन रह गयीं। गुँगिया अपने पति और घर को छीन लेने वाली बहिन से बहुत रुष्ट थी। प्रतिशोध लेने की इच्छा से ही वह उसके बेटे को बाप से छीन लाई है। हुलासी के प्रति वह जो प्रेम दिखाती है, उसके मूल में भी कुछ दुरभिसन्धि अवश्य है। इस प्रकार के संकेतों को पूर्णतः न समझ सकने पर भी बालक का मन गुँगिया अम्मा से विरक्त होने लगा।

'परहित घृत जिनके मन माखी' कह कर गोस्वामी जी ने जिनका परिचय दिया है, उन्हीं का बहुमत होने के कारण गुँगिया का यह थोड़ा-सा सुख भी एक अव्यक्त व्यथा में परिवर्तित हो गया। हुलासी का पिता किस अरक्षित अवस्था में अपने पुत्र को छोड़ गया था, उसने उसके पालन के सम्बन्ध में कितनी उपेक्षा दिखाई थी, विमाता ने अपनी सन्तान का अधिकार सुरक्षित रखने के लिए उसे दूर रखने का कितना प्रयत्न किया था, यह सब उसे बताता ही कौन!

गुँगिया के नीरव स्नेह की गहराई उसकी पहुँच से बाहर थी। इसके अतिरिक्त विशेष दुलार पाने के कारण वह उसके स्नेह को अपना प्राप्य समझने लगा था, उसका दान नहीं।

एक दिन जब उसने गुँगिया से पूछ ही लिया कि वह उसे उसके बाप से क्यों छीन लाई है, तब गुँगिया के हृदय में विष-बुझा बाण-सा छिद गया; पर वह अपनी व्यथा भी कैसे प्रकट करती! बोलने के प्रयास में खुला मुँह, विस्मय से भरी आँखें, निराशा से विजड़ित भंगिमा आदि बालक के लिए एक अबूझ पहेली बनकर रह गये।

बालक के पिता की खोज करने पर पता चला कि वह किसी कारखाने में काम मिल जाने के कारण बाल-बच्चों के साथ कानपुर चला गया है। इसके उपरान्त गुँगिया ने अपने ककने गिरवी रखकर उसे पिता के पास भेजने का प्रबन्ध किया।

हुलासी के लिए नये कपड़े बने। काठ और मिट्टी के रंग-बिरंगे खिलौने एक पिटारे में यत्नपूर्वक सजाये गये। भुने महुए, गुड़धानी, लड्डू आदि मिष्ठान्नों की गठरी बाँधी गयी। चिकनी काली दोहनी में घी भरा गया।

गाँव के रिश्ते से काका लगने वाले एक विज्ञ को बड़ी मनुहार के उपरान्त साथ जाने के लिए राजी किया गया। फिर एक दिन पंडितजी के बताये मुहूर्त्त में असगुन के डर से आँसू रोकती हुई गुँगिया तीन मील चलकर हुलासी और काका को रेल में बैठा आई। उन्हें पहुँचाकर लौटते समय उसके लिए गाँव तक पहुँचना भी कठिन हो गया।

कभी खेत की मेड़ पर खड़ी होती, कभी पेड़ों की छाया में बैठती, कभी रोती, कभी हँसती गुँगिया घर पहुँची और आँगन के तुलसीचौरे पर ही सबेरे तक औंधे मुँह पड़ी रही।

कई दिन उसका मन उड़ा-सा रहा। जिस दिन उसने काम करने का निश्चय करके द्वार खोला, उसी दिन धूल-धूसरित काका के पीछे आते हुए हुलासी पर उसकी दृष्टि पड़ी। बालक के नये कपड़े मैले हो गये थे, मुख कुम्हला गया था। वह दौड़कर बेटे को कण्ठ से लगाकर शब्दहीन अस्फुट क्रन्दन में अपनी अतीव व्यथा प्रकट करने लगी।

अन्त में यात्रा का परिणाम ज्ञात हुआ। दो दिन इधर-उधर भटकने के उपरान्त हुलासी के पिता से भेंट हुई। वह एक मैली संकीर्ण गली में दो अँधेरी कोठरियाँ लेकर अपने चार बच्चों और घरवाली के साथ रहता है। इस भूले हुए पुत्र को देखकर उसकी आँखों में जो ममता चमक उठी थी, वह पत्नी की कठोर दृष्टि की छाया में खो गई।

रात भर पति-पत्नी में विवाद होता रहा।

सबेरे विविध तर्कों के द्वारा उसने काका महोदय से पुत्र को लौटा ले जाने का अनुरोध किया। हुलासी की ननसार में जो कुछ है, वह उसी को मिलेगा; पर उन बच्चों का तो वही एक आधार है। हुलासी पिता के घर में भी विमाता के पास रहेगा और ननसार में भी, ऐसी दशा में उसे गुँगिया के साथ रहकर कारोबार, घर-जमीन, रुपया-पैसा आदि सँभालना चाहिए। उसका सौतेला भाई जब कुछ बड़ा हो जायेगा, तो वह भी हुलासी के पास भेज दिया जायेगा। हुलासी की विमाता स्वयं गाँव जाकर रहने के पक्ष में है; पर गुँगिया को यह पसन्द न होगा। पर, वह अमर होकर तो आई नहीं है! उसके बाद वे सब एकत्र होकर उसका कारोबार सँभालेंगे।

इस कठोर व्यावहारिकता के सामने न हुलासी के क्रन्दन की चली, न काका के अनुनय की। निरुपाय वे दोनों पराजित सैनिकों के समान क्लान्त भाव से लौट पड़े। हुलासी की विमाता ने घी, मिष्ठान्न आदि को अपने लिए भेजा हुआ उपहार मानकर रख लिया और खिलौने, नये कपड़े आदि को अपने बच्चों का प्राप्य समझकर उन्हें बाँट दिया।

इस प्रकार हुलासी अकिञ्चन बनकर ही गुँगिया के पास लौट सका था। उस बेचारी ने बालक के आहत हृदय को अपनी ममता के लेप से अच्छा करने में कुछ उठा नहीं रखा।

इसके अतिरिक्त उसकी प्रिय वस्तुओं को एकत्र करने के लिए वह एड़ी-चोटी का पसीना एक करने लगी; पर बालक के कोमल हृदय में विश्वास का जो तार टूट गया था, उसका जुड़ना सहज नहीं था। जो कुछ अप्राप्य है, उसी को पाने के लिए मनुष्य विकल होता है, इसी नियम से हुलासी का हृदय भी पिता, भाई, बहिन के लिए रोता रहता था।

गुँगिया के घर-द्वार और धन के लिए ही पिता ने उसे नहीं रखा, उसके न रहने पर ही वे सब साथ रह सकेंगे, आदि विचार भी उसके हृदय को विषाक्त करते रहते थे।

इस तरह दो वर्ष और भी बीत गये। जब हुलासी कुछ स्वस्थ होकर गुँगिया के काम में हाथ बटाने लगा था, तभी उसके परिहासप्रिय दुर्भाग्य से एक बाबाजी अपने दो-तीन शिष्यों के साथ वहाँ आ पहुँचे। वे पर्यटन क्रम में वहाँ आये थे; परन्तु चतुर्मास बिताने के लिए ठाकुर की अमराई में डेरा डालकर वर्षा बीतने की प्रतीक्षा करने लगे।

ऐसे बाबा-बैरागियों का आगमन गाँववालों के लिए महान् घटना है। कोई दूध

की दोहनी भेंट करता था, कोई घी की हँडिया। कोई पका काशीफल उपहार में दे जाता था, कोई गुड़ की भेली। कोई पुराना चावल रख जाता था, कोई चक्की का पिसा, सफेद गेहूँ का आटा। कोई मालपुओं का भण्डारा करने की इच्छा प्राकट करता था, कोई खीर-पूरी के भोज की।

यह सब अभ्यर्थना निःस्वार्थ ही नहीं होती थी। सेवा करने वाले भक्तों में से सभी एक-न-एक वरदान चाहते थे। किसी को बुढ़ौती में पुत्र चाहिए। किसी को और अधिक धन की आवश्यकता थी। कोई अपने पट्टीदार को हराना चाहता था। कोई अपने सगे भाई को विरक्त करने के लिए उच्चाटन-मंत्र माँगता था। कोई किसी को वश में करने के साधन का जिज्ञासु था। कोई रेहन रखे हुए खेत को बिना रुपया चुकाये लौटाने का उपाय पूछता था। कोई गिरवी रखे गहने को हथियाने के लिए कर्जदार में चित्त-भ्रम उत्पन्न करने का इच्छुक था। कोई बिना औषध के ही रोगमुक्त होने की याचना करता था। सारांश यह कि भक्तों में प्रायः सभी कोई उचित या अनुचित अभिलाषा छिपाये हुए बाबाजी के सामने हाथ जोड़े बैठे रहते थे।

बाबाजी तो मानो 'आये थे हरिभजन को ओटन लगे कपास' को चरितार्थ करने के लिए अवतीर्ण हुए थे। तम्बाकू के पिण्ड—जैसे काले शरीर में राख का अंगराग लगाकर, नकली जटा-जूट का मुकुट धारण कर और चिमटे का राजदण्ड थामकर वे एक कुशासन पर आसीन होकर इन याचकों के दरबार का संचालन करते। उनके दान की प्रणाली भी कम रहस्यपूर्ण नहीं थी। किसी याचक की ओर प्रसन्न मुद्रा से देख भर लेते, किसी को हाथ के संकेत से आश्वासन देने का अनुग्रह करते, किसी के प्रति चिमटा खनका कर, असन्तोष व्यक्त करते, किसी को धूनी में से चुटकी भर विभूति देकर सन्तुष्ट कर देते; इस प्रकार न उनके पास से कोई पूर्णतः निराश लौट सकता था, न कृतार्थ।

जिसकी याचना की ओर उनकी लेशमात्र भी उपेक्षा देखी जाती थी, वह दुगुने उत्साह से उनकी सेवा में लग जाता और जिस पर वे विशेष कृपालु रहते थे, वह उस कृपा को स्थायी बनाये रहने के लिए और अधिक उपहार लाता रहता।

स्त्री याचकों के प्रति उनकी कृपा स्वाभाविक रहती थी। कोई ग्रामवधू जब अपने पति की अवज्ञा या अपनी सन्तानहीनता की दुःखगाथा सुनाती, तब उनकी गाँजे के नशे से अरुण आँखें और अधिक अरुण हो जातीं।

तीन-चार किशोर शिष्य उनकी सेवा में दिन-रात एक किए रहते थे। उनमें कोई कौपीनधारी था, कोई अँगोछा लपेटे घूमता था। कोई मुण्डित सिर था, किसी की

नकली नई जटा सिर से खिसक-खिसक जाती थी। कोई उनके लिए प्रसाद लाते-लाते बीच में थोड़ा चख लेता था और कोई चिलम भरते-भरते एक दम लगाये बिना न रहता। गाँव के कुतूहली लड़के बाबाजी को घेरे ही रहते थे। इन्हीं के साथ हुलासी भी वहाँ आने-जाने लगा।

बाबाजी मुखमुद्रा, व्यवहार, कथोपकथन आदि से बहुत कुछ जान लेने की शक्ति रखते थे। हुलासी के सम्बन्ध में वे कितना जान चुके थे, यह कहना तो कठिन है; पर एक दिन उसे प्रथम बार देखने का अभिनय करके वे बोल उठे—अहा! तू तो बड़ा सिद्ध पुरुष होने वाला है बच्चा! तेरा ललाट तो दगदगाता है; पर तेरे मन में—जरा पास आ, तेरी भाग्य-रेखा तो देखूँ!'

अजगर की साँस, जैसे उसका आहार बनने योग्य जीव-जन्तु को खींच लाती है, वैसे ही बाबाजी की दृष्टि हुलासी को निकट खींच लाई। फिर इस आकर्षण से वह कभी न मुक्त हो सका।

गुँगिया ने भी बाबाजी के पास तिल, गुड़, तेल आदि की सौगात भेजी थी; परन्तु उनसे कुछ पूछने के लिए न उसके पास वाणी थी न इच्छा। हुलासी जब वहाँ रात-दिन पड़ा रहने लगा तब उसे चिन्ता हुई। एक दिन वह बाबाजी के सामने ही उसे हाथ पकड़कर घसीट लाई; पर दूसरे दिन वह उसकी आज्ञा की उपेक्षा करके फिर वहीं जा पहुँचा। कोई उपाय न रहने पर उसने बाबाजी के सामने फटा आँचल फैलाकर अपने एकमात्र बालक की भिक्षा माँगी।

बाबाजी चाहे करुणार्द्र हो गये हों; चाहे उन्होंने परिहास किया हो; पर यह सत्य है कि उन्होंने हुलासी को घर जाने और वहाँ कभी न आने की आज्ञा देकर दीर्घ निश्वास लिया। हुलासी तब से वहाँ नहीं देखा गया। चतुर्मासा पूरा होने के कुछ दिन शेष रहते ही एक दिन सबेरे गाँव वालों ने अमराई को सूना देखा। बाबाजी संभवतः रात में ही चले गये थे। उनके जाने का समाचार सुनकर और हुलासी के बिछौने को खाली देखकर गुँगिया ने अपना कपार पीट लिया। गाँव में कहीं उसे न पाकर वह कई मील तक रोती-बिलखती दौड़ी चली गई; पर बाबाजी का कोई चिह्न नहीं मिला। कुछ दिन बाद पता चला कि उसी रात को ऐसी एक साधु मंडली चार-पाँच मील दूरस्थ स्टेशन से रेल पर सवार होकर चली गई है; पर इससे अधिक समाचार पाना सम्भव न हो सका।

गुँगिया का दुःख भी गाँववालों के कौतुक का कारण बन गया था। कोई चिढ़ाता—'बाबाजी आये गुँगिया!' कोई परिहास में कहता—'हुलासी का तार आया

गुँगिया!' कोई व्यंग्य करता—'और दूसरे का बेटा लेकर लड़के वाली बन!'

पर गुँगिया हुलासी की प्रतीक्षा के अतिरिक्त और कुछ न जानती थी, न समझती थी। वह गाँव के लड़कों में न जाने क्या खोजती रहती। नया खिलौना देखते ही खरीद लाती और लाल पिटारी में सँभालकर रख देती। नया कपड़ा देखते ही हुलासी के नाप का कुरता सिलवा लेती और तह करके अपने काठ के सन्दूक में धर देती। हुलासी को अच्छी लगनेवाली मिठाइयाँ देखते ही मोल ले लेती और सीके पर रख आती। कभी-कभी रात के सन्नाटे में द्वार खोलकर किसी के आने की आहट सुनती। उसे पूर्ण विश्वास था कि हुलासी निश्चय ही एक दिन उसके पास लौट आवेगा; पर वह नहीं लौटा, तो नहीं लौटा।

जब मैंने गुँगिया को देखा, तब यह घटना बारह-तेरह वर्ष पुरानी हो चुकी थी। हुलासी को उसकी गूँगी मौसी के अतिरिक्त सारा गाँव भूल चुका था।

अचानक, कई वर्षों के उपरान्त गाँव लौटे हुए एक व्यक्ति ने बताया कि हुलासी कलकत्ते में एक सेठ का दरबान हो गया है। उसने विवाह करके गृहस्थी बसा ली है और उसके कई बच्चे हैं।

इस समाचार में सत्य का कितना अंश था, यह तो कहने वाला ही जाने; पर गाँववालों ने तो इस दन्तकथा में भी गुँगिया को चिढ़ाने का साधन पा लिया। अब हुलासी बड़ा आदमी हो गया है, अब वह गुँगिया को शहर दिखायेगा, मोटर में घुमायेगा आदि कहकर वे परिहास करने लगे; पर गुँगिया के लिए परिहास भी सत्य था।

भागकर कभी माँ की खोज-खबर तक न लेने वाले बेटे पर क्रोधित होना तो दूर की बात है, वह उसके प्रति और भी अधिक ममतामयी हो उठी। उसका लड़का न जाने कितने कष्ट से दिन बिताता होगा? उस परदेश में किसने उसकी भूख-प्यास की चिन्ता की होगी, किसने उसके कपड़े-लत्ते का ध्यान रखा होगा। उन बैरागियों की टोली ने अवश्य ही उसे घुघ्घू का मांस खिलाकर घुघ्घू बना लिया था। जब उसे घर की सुधि आई होगी, तब लौटने के लिए रुपया-पैसा ही न रहा होगा। अब अवसर मिलते ही वह भला आदमी बन गया। गुँगिया अम्मा जीती है, इसे वह कैसे जान सकता है? गाँव में किसी को लिखते हुए उसे लाज लगती होगी। फिर इतने वर्षों बाद उसे कौन पहचानेगा, यही सोचकर उसने न लिखा होगा। पर उसकी गुँगिया अम्मा को तो इसे पत्र लिखना ही चाहिए। उसका समाचार पाते ही वह दौड़ा चला आवेगा। बहू भी आवेगी ही। बच्चे क्या दादी को देखने के लिए हठ न करेंगे? इसी प्रकार के विचारों में डूबती-उतराती गुँगिया एक दिन पत्र लिखने की इच्छा कर बैठी।

पर उसका पत्र लिखना सहज नहीं था। 'सिद्ध श्री सर्वोपमायोग्य श्री हुलासी तेली को उसकी गुँगिया अम्मा को आशीष पहुँचे' लिखने के बाद गाड़ी रुक गई। तुमने भागकर बहुत बुरा किया, क्या यह लिखूँ, पूछने पर गुँगिया ने तर्जनी दिखाकर मना किया। तुमने जो कुछ किया, अच्छा किया, क्या यह लिख दूँ, पूछने पर गुँगिया ने सिर हिलाकर अस्वीकृति प्रकट की। तुम्हारी गुँगिया अम्मा बारह बरस से तुम्हारी राह देख रही है, क्या यह लिखना चाहिए? पूछने पर गुँगिया की अनुकूल सम्मति प्राप्त हुई। बस इसी प्रकार नौसिखिये कवि के समान वाक्य जोड़-जोड़कर तोड़-तोड़कर मैंने पत्र समाप्त किया।

पता किसी को ज्ञात नहीं था, इसी से श्री हुलासीदीन तेली, कलकत्ता, लिखकर गुँगिया से पिण्ड छुड़ाया। चिट्ठी वह स्वयं डाल आई। पर इतने ही से मुझे छुट्टी न मिल सकी; क्योंकि गुँगिया जहाँ-तहाँ मुझे घेर कर उस डेड लेटर आफिस में खोये हुए पत्र के उत्तर के सम्बन्ध में अनेक संकेतात्मक प्रश्न करने लगी।

मेरी एक सहपाठिनी उन्हीं दिनों कलकत्ते में रहकर डाक्टर युनान से अपनी चिकित्सा करा रही थीं, उन्हीं को मैंने गुँगिया की कथा लिखकर हुलासी को खोजने का काम सौंपा। एक सप्ताह बाद उनका जो उत्तर मिला, वह व्याजनिन्दा से भरा हुआ था। बिना पता-ठिकाना बताए हुए उस जन-समुद्र में हुलासी-जैसे अकिंचन व्यक्ति को खोज लेने की मैंने जो कल्पना की है वह मेरी अगाध नासमझी का परिचय देती है। ऐसा व्यवहार-ज्ञानशून्य व्यक्ति लोक-समस्या में अपने आपको न उलझाकर ही सुखी हो सकता है। हुलासी के पते के स्थान में यह सब उपदेश सुनकर मेरा मन खीज उठा तो आश्चर्य नहीं।

कुछ दिन और बीत गये। इसी बीच गुँगिया बीमार पड़ गई। उसे कई महीनों से जीर्ण ज्वर आ रहा था, जिसकी परिणति क्षय में हुई। जब वह खटिया से लग गई, तभी उसने काम करना बंद किया। ज्यों-ज्यों खाँसी और कफ का कष्ट बढ़ता गया, त्यों-त्यों आने-जाने वालों की संख्या घटती गई। एक दूर का संबंधी गुँगिया के बैल, कोल्हू आदि का प्रबन्ध करता था और उसकी कन्या रोगिणी की थोड़ी-बहुत सेवा-टहल कर जाती थी।

जब कभी मैं गुँगिया को देखने पहुँच जाती, तब वह अपनी थकावट की चिन्ता न करके विविध संकेतों और चेष्टाओं द्वारा हुलासी के पत्र की बात पूछती।

इन्हीं दिनों सहपाठिनी का एक पत्र आया। उन्होंने लिखा की हरभजन नामक नये नौकर को हुलासी की खोज निकालने का काम सौंपा गया था। हुलासी का तो अब

तक पता न चल सका; पर गुँगिया के सम्बन्ध में सब जानकर हरभजन बहुत दुःखी हुआ है। उसका घर भी उसी ओर किसी गाँव में है और वह भी दस-बारह वर्ष पहले अपनी माँ को बिना बताये भाग आया था। अब उसकी माँ मर चुकी है; पर गुँगिया को सुख पहुँचाकर वह अपनी माँ की आत्मा को संतोष दे सकेगा, ऐसा उसका विश्वास है। तीसरा दर्जा पास होने के गर्व में वह स्वयं उलटा-सीधा पत्र लिख रहा है। गुँगिया को वह कुछ रुपया भी भेजना चाहता है। उसकी ओर से मालकिन ही भेज दें, यह प्रस्ताव उसे पसन्द नहीं, क्योंकि वह अपने पसीने की कमाई में से देना उचित समझता है। सत्यवादी बने रहने के प्रयास में उस मरणासन्न माँ का क्षणिक सन्तोष न नष्ट करूँगा, ऐसी उन्हें आशा है।

एक सप्ताह के उपरान्त हरभजन का पत्र और उसके भेजे दस रुपये भी मिल गये। कलकत्ते से समाचार आया है, सुनकर ही गुँगिया ने भेजने वाले को हुलासी समझ लिया। इसी से उससे न सत्य कहने की आवश्यकता हुई न असत्य कहने की। हरभजन के पत्र से भी न भेजने वाले का पता चलता था न पाने वाले का। कोई भी ग्रामीण पुत्र अपनी माँ को जो कुछ लिख सकता है वही उसने लिखा—"मइया हम जनम-जनम सेवा करके तुमसे उरिन नाहीं हुई सकित है। तुम तौ हमार लेखे विधना हौ। हमार मति बौराय गई नाहिं त हम तुम्हार अस महतारी छाँड़ि के देस-परदेस काहे भटकत फिरित। अब हम तुम्हरे चरनन मा आउब जरूर। छुट्टी मिलै भर की देरी समझौ। तुम कौनउ परकार की चिन्ता न करौ। तुम्हार आसिरबाद हमरे ऊपर छत्तर अस छावा रहत है। हम कब्बौ विपदा मा न पड़ब। तुम्हार बहुरिया और पोता पालांगन भेजत हैं।"

गुँगिया ने उस मैले-फटे कागज के टुकड़े को अस्थिशेष उँगलियों में दबाकर पंजर-जैसे हृदय पर रखकर आँखें मूँद लीं; पर झुर्रियों में सिमटी हुई पलकों के कोनों से बहने वाली आँसू की पतली धार उसके कानों को छूकर मैले और तेल से चीकट तकिये को धोने लगी।

इसके एक मास बाद वह हुलासी के खिलौनों की खुली पिटारी और कपड़ों से भरे बक्स के बीच में मरी पाई गई। रुपये उसके तकिये के नीचे ज्यों-के-त्यों धरे मिले।

हरभजन के सम्बन्ध में और अधिक जानने का मैंने प्रयत्न किया; पर वह मालकिन के साथ इस ओर लौटा नहीं और वहाँ उसे खोजना हुलासी को खोजने के समान ही असम्भव है।

जीवन में मैंने जितने विचित्र व्यक्ति और जैसे रहस्यमय इतिवृत्त देखे-सुने हैं,

उनके सामने कल्पना के सभी निर्माण फीके पड़ सकते हैं; पर गुँगिया मेरे हृदय में जो करुण विस्मय जगा सकी थी, वह फिर नहीं जागा। मेरा पत्र-लेखन-क्रम टूटा नहीं। तब मैं अपने विनोद के लिए दूसरों की जीवन-कथा लिखती थी और अब दूसरों के सुख-दुःख पढ़ती हूँ, गुँगिया-जैसे व्यक्तित्व को खोजने के लिए। पर संसार में अज्ञान की जितनी आवृत्तियाँ होती हैं उतनी ज्ञान की नहीं, इसी से जीवन-रहस्य की झलक देने वाले क्षणों का प्रत्यावर्तन भी सहज नहीं।

कभी-कभी सोचती हूँ, वह वात्सल्य की अवाक्; पर चिर-स्पन्दनशील प्रतिमा क्या मेरी स्मृति में अकेली रहेगी।

□□